독자들에게

우리가 지켜야 할 동물들

마틴 젠킨스 글 톰 프로스트 그림

마틴 젠킨스의 편지

19세기 초만 해도 북아메리카 어디서나 나그네비둘기를 볼 수 있었어요. 세계적으로 수십 억 마리나 살고 있었으니까요. 그런데 1914년 마지막 나그네비둘기 마샤가 신시내티 동물원에서 숨을 거뒀지요. 당시 사람들은 그 많던 나그네비둘기가 어떻게 그렇게 짧은 시간에 사라질 수 있는지 믿을 수가 없었어요. 하지만 정말로 나그네비둘기는 이 세상에서 사라져 버렸어요.

이 책에 나와 있는 모든 동물은 나그네비둘기와 같은 운명에 있어요. 어떤 동물은 아직 제법 많아요. 물론 19세기 나그네비둘기처럼 흔하지는 않지요. 하지만 빠른 속도로 줄어들고 있어요. 어떤 동물은 손으로 셀 수 있을 정도로 줄었어요. 모두 여러 위기에 처해 있어요. 사람들 때문이에요. 하지만 사람이 위기를 만들어 냈으니 우리가 마음먹기에 따라 해결책을 찾을 수 있을 거예요. 어떤 경우에는 이미 해결책을 찾기도 했고요. 동물을 지키려는 사람들이 열심히 노력한 덕분에 어떤 동물은 2, 30년 전보다 상황이 훨씬 나아졌어요. 위기로부터 완전히 벗어난 것은 아니지만 앞날이 훨씬 밝아요.

사라질 위기에 있는 동물은 무척 많아요. 위기의 동물을 구하려면 어마어마한 노력이 필요하지요. 정말 많은 노력이 필요할 거예요. 우리는 대왕고래나 카카포, 혹은 할리퀸개구리 없이도 살 수 있을까요? 어쩌면 그럴지도 몰라요. 하지만 그런 동물이 없다면 세상은 훨씬 더 쓸쓸해질 거예요. 그리고 지금처럼 빨리 지구에서 동물들이 사라진다면 어떤 일이 벌어질지 아무도 장담할 수 없어요. 앞으로 우리는 어떤 세상에서 살게 될까요?

차례

두루미
4-5쪽

북극곰
6-7쪽

그레비얼룩말
8-9쪽

피지줄무늬이구아나
10-11쪽

할리퀸개구리
12-13쪽

켐프각시바다거북
14-15쪽

인드리
16-17쪽

호랑이
18-19쪽

대왕판다
20-21쪽

주머니개미핥기
22-23쪽

캘리포니아콘도르
24-25쪽

검은코뿔소
26-27쪽

유럽뱀장어
28-29쪽

타파눌리오랑우탄
30-31쪽

암스테르담앨버트로스
32-33쪽

대왕고래
34-35쪽

아시아코끼리
36-37쪽

이베리아스라소니
38-39쪽

러시아철갑상어
40-41쪽

갈라파고스땅거북
42-43쪽

알프스하늘소
44-45쪽

황금사자타마린
46-47쪽

톱가오리
48-49쪽

동부고릴라
50-51쪽

아프리카들개
52-53쪽

말레이천산갑
54-55쪽

지중해몽크물범
56-57쪽

노랑배측범잠자리
58-59쪽

카카포
60-61쪽

오카피
62-63쪽

두루미

두루미는 하늘을 나는 새 가운데 가장 큰 새에 속해요. 두루미는 한국, 일본 등 아시아에서는 장수와 충절을 뜻하는 새로 오랫동안 사랑받고 있어요. 일본에서는 두루미를 괴롭히다 들키면 즉시 벌금을 매길 정도로 강력하게 보호하고 있어요.

GRUS JAPONENSIS

강: 조강
과: 두루밋과
멸종 위기 등급(2016): 위기
수: 약 3,000
번식지: 중국, 일본, 몽고, 북한, 러시아, 대한민국

분포 지역

19세기 일본 사회는 여러 면에서 전통 질서가 무너지고 아주 빨리 변했어요. 너무너무 가난한 시절이어서 두루미는 아주 먹음직한 식재료였지요. 사냥 때문에 두루미는 아주 빨리 줄어들었어요. 일본에서는 거의 볼 수 없었고 아시아 북부 지역에서만 살아남았지요. 하지만 1910년대에 기적처럼 일본 최북단 홋카이도에서 두루미 몇 마리가 발견되었어요.

"20세기 초 일본에서 두루미는 멸종된 것으로 알려졌어요."

다행히 더 줄어들지는 않았어요. 하지만 여전히 너무 적었어요. 1950년대 초부터 사람들은 두루미한테 가장 힘든 계절인 겨울에 먹이를 주기로 했어요. 먹이 주기 프로그램은 엄청난 성공을 거두었고 두루미가 꾸준히 늘어나기 시작했어요. 2015년까지 홋카이도에서는 약 1,500마리 두루미가 사는 것으로 알려졌어요. 전 세계 두루미의 절반이 홋카이도에 사는 거예요. 그런데 일본에서는 두루미가 더 늘어나지 않아요. 두루미는 새끼를 기를 수 있는 조용한 습지가 필요한데 더는 빈 땅이 없기 때문이에요. 그사이 아시아 다른 곳에서는 두루미가 줄고 있어요. 두루미가 살 수 있는 습지나 늪이 마구잡이 개발로 사라졌어요. 또 두루미가 사냥을 당하거나, 독을 먹거나, 고압전선과 부딪히는 일이 늘어나기 때문이에요.

4

북극곰

북극곰은 하얗고 두툼한 코트를 입고 있어요. 덕분에 하얀 눈 속에 숨기도 좋고 꽁꽁 얼어붙는 추위도 막아 주지요. 게다가 북극곰은 어마어마한 힘과 아주 날카로운 감각을 자랑해요. 하얗고 두툼한 털가죽, 놀라운 힘 그리고 타고난 감각 덕분에 얼음 위에서 사냥하며 살아갈 수 있어요.

URSUS MARITIMUS

강: 포유강   과: 곰과
멸종 위기 등급(2015): 취약
수: 20,000~30,000
서식지: 캐나다, 그린란드(덴마크), 러시아, 노르웨이, 알래스카(미국)

약 2, 3만 마리 북극곰이 북극지방에 살고 있어요. 그중 3분의 2 정도가 캐나다 이곳저곳에 퍼져 있어요. 북극곰은 주로 얼룩큰점박이 바다표범과 턱수염물범을 먹어요. 북극곰은 떠다니는 얼음 위에서 기다려요. 바다표범 숨구멍 앞에 숨어서 말이에요. 그러다 바다표범이 숨 쉬러 나올 때 바다표범을 잡아요. 아니면 바다표범이 털갈이를 하거나 새끼에게 젖을 먹이느라 얼음 위에서 쉬고 있을 때 몰래 다가가요. 그러니까 얼음만 있으면 북극곰은 1년 내내 바다표범을 사냥할 수 있어요. 하지만 얼음이 녹는 여름에는 바다표범도 바다로 가기 때문에 잡을 수가 없어요. 그래서 북극곰은 거의 아무것도 먹지 못한 채 몇 주 또는 몇 달을 견뎌야 해요.

어떤 북극곰은 뭍으로 깊숙이 들어와서 사슴이나 땅에 둥지를 틀고 사는 새를 사냥하기도 해요. 풀이나 나무 열매를 먹기도 하지요. 심지어 사람이 사는 마을에 와서 쓰레기통을 뒤지기도 해요. 하지만 이런 식으로는 북극곰이 제대로 살 수 없어요. 몸무게가 줄어들고 건강이 나빠져요. 최근까지만 해도 여름이 북극곰에게 그렇게 큰 영향을 미치지는 않았어요. 북극해는 1년 내내 얼어 있었고 얼음이 녹더라도 그 시간이 무척 짧았거든요. 하지만 지구온난화 때문에 아주 큰 변화가 생겼어요. 생각보다 훨씬 빨리 얼음이 녹기 시작했어요. 얼음은 예전보다 아주 일찍 녹기 시작했고 훨씬 늦게 얼기 시작했어요. 게다가 북극해에서 여름에 얼음이 녹는 곳이 점점 넓어지고 있어요. 지구온난화 현상을 막으려면 단순히 북극해에서뿐만 아니라 지구 전체에 끼치는 영향을 최소화하기 위해 전 세계적인 노력이 필요해요. 이제는 노력할 수 있는 시간조차 너무 빨리 줄어들고 있어요.

"언젠가 기후 변화는 북극곰에게 심각한 영향을 미치기 시작할 거예요."

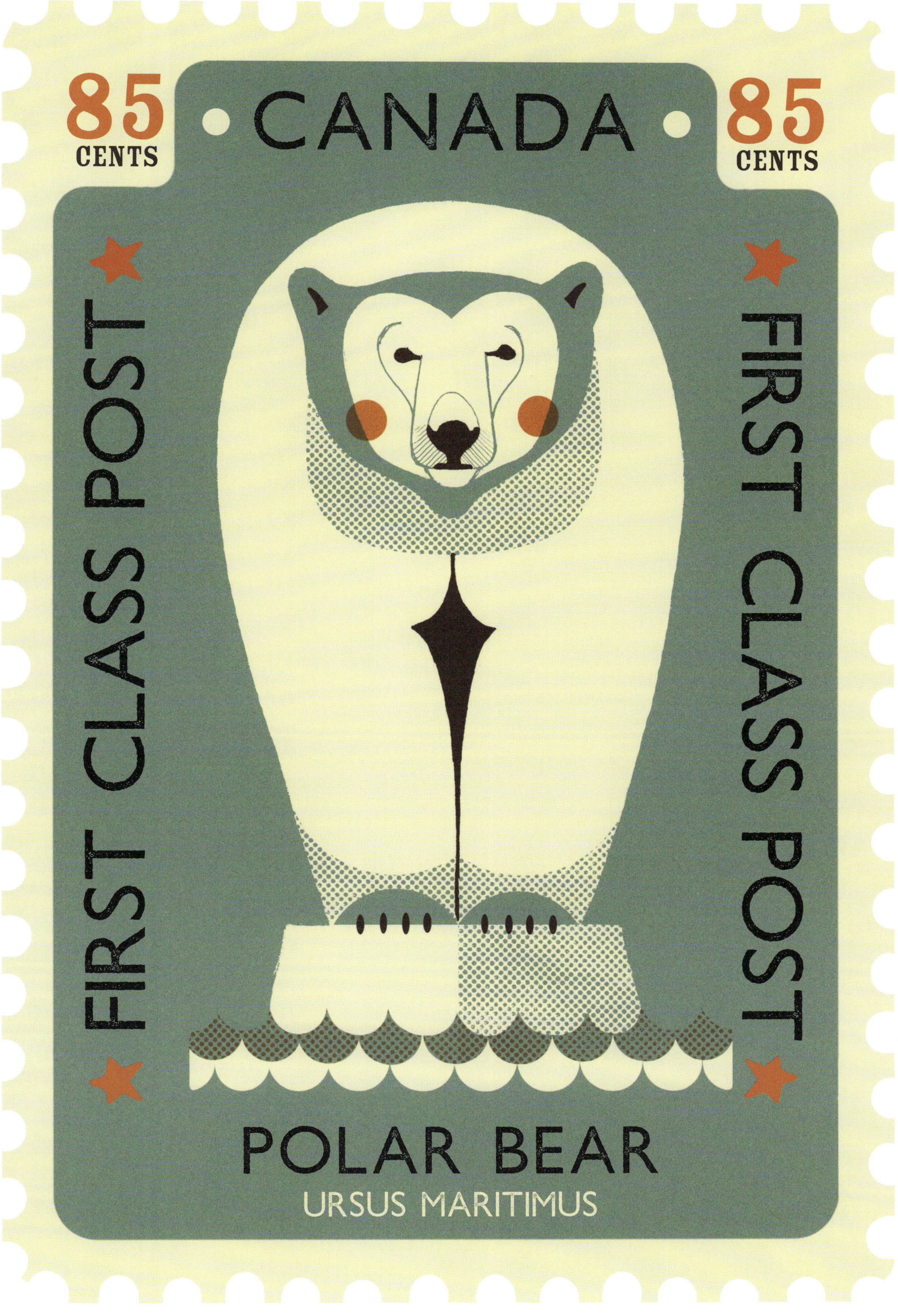
85 CENTS
CANADA
85 CENTS
FIRST CLASS POST
FIRST CLASS POST
POLAR BEAR
URSUS MARITIMUS

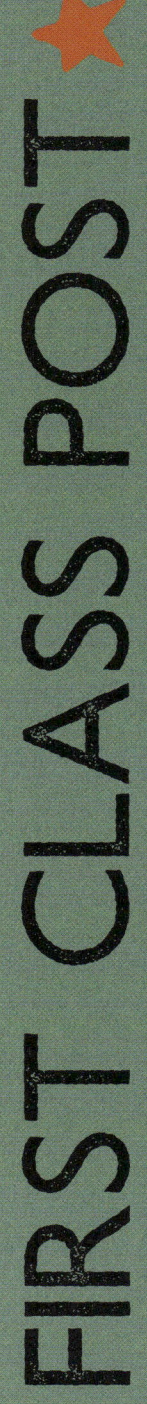

그레비얼룩말

그레비얼룩말은 다리가 길고 우아한 말이에요. 살아 있는 얼룩말 가운데 가장 크고 희귀하지요. 케냐 북부와 중부 및 에티오피아 사막지대에 살고 주로 풀을 먹어요.

다 자란 수컷 얼룩말은 다른 수컷을 피해 몇 제곱킬로미터 떨어진 곳에 자리를 잡고 살아요. 하지만 암컷과 어린 얼룩말은 좋은 풀밭을 찾아 넓은 땅을 떠돌며 살지요. 가끔은 80킬로미터를 이동하기도 해요. 메마른 날씨에 알맞게 태어났지만 적어도 5일에 한 번 정도는 물을 마셔야 해요. 어린 얼룩말을 데리고 있는 어미 얼룩말이라면 훨씬 더 자주 물을 마셔야 해요.

"2008년까지 그레비얼룩말은 2,500~3,000마리로 줄어들었어요."

1970년대까지만 해도 그레비얼룩말은 꽤 많았어요. 케냐에는 약 14,000마리, 에티오피아에는 약 1,500~2,000마리 정도가 살았어요. 하지만 1980년대에 들어 아주 빨리 줄어들기 시작했어요. 큰 이유는 아름다운 얼룩말 가죽을 얻으려고 사냥을 했기 때문이에요. 1990년대에는 5,000마리로 줄어들었어요. 그때부터 사냥을 금지했지만, 숫자는 계속 줄어들었어요. 어린 얼룩말과 어미 얼룩말이 물이나 먹이를 찾으러 오는 것을 같은 땅에서 가축을 키우는 사람들이 오지 못하게 막았기 때문이에요.

2008년부터 환경을 보호하는 사람들은 그레비얼룩말이 물을 마시고 풀밭을 찾을 수 있도록 같은 땅에서 다른 가축을 키우는 사람들에게 도움을 청했어요. 그러자 효과가 나타났지요. 그레비얼룩말이 더는 줄어들지 않았고 아주 천천히 늘어났어요.

EQUUS GREVYI

강: 포유강
과: 말과
멸종 위기 등급(2016): 위기
수: 약 2,700
서식지: 에티오피아, 케냐

피지줄무늬이구아나

남서태평양 피지섬의 이구아나는 주로 미국과 마다가스카르섬에서 발견된 이구아나가 피지섬에 갇히는 바람에 새로 태어났어요.

여러 섬들이 모여 있는 피지에는 네 종의 이구아나가 살고 있어요. 그 가운데 하나가 피지줄무늬이구아나예요. 약 3천 년 전 사람이 태평양에 처음 왔을 때는 적어도 두 종 이상의 이구아나가 있었어요. 한 종은 피지섬에 살았고 다른 한 종은 통가 근처에 살고 있었어요. 초기에 머물러 살던 사람들은 이구아나를 잡아먹었어요. 그래서 이구아나는 거의 사라져 버렸지요. 오늘날에는 이구아나를 사냥하는 일은 별로 없지만 여러 가지 이유로 사라질 위기에 처해 있어요.

피지줄무늬이구아나는 라우섬에서 볼 수 있어요. 약 60여 마리가 무리를 이뤄 피지 남동부 작은 섬들에 살고 있어요. 한때는 모든 섬에 이구아나가 살았어요. 하지만 최근에는 몇몇 섬에만 살고 있어요. 피지줄무늬이구아나는 통가의 몇몇 섬에서도 볼 수 있어요. 아마도 약 800년 전쯤에 누군가 통가에 들여왔나 봐요. 지금은 통가에서도 아주 드물게 볼 수 있어요.

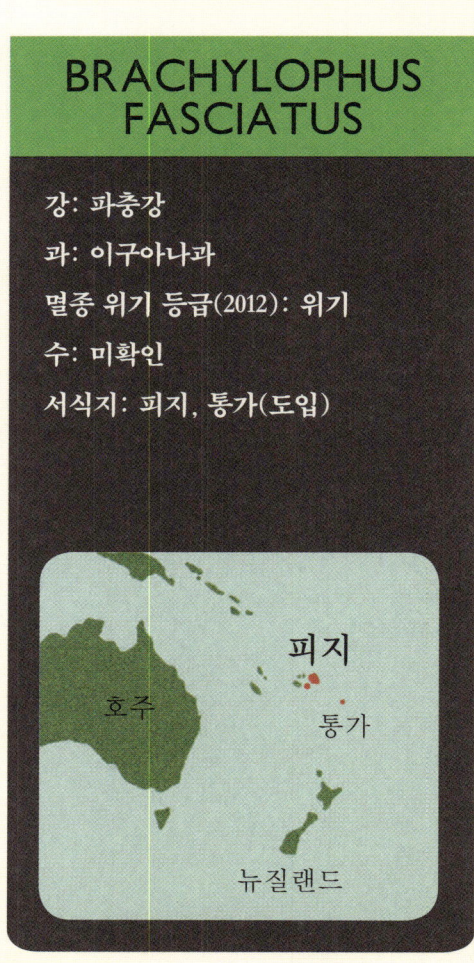

BRACHYLOPHUS FASCIATUS

강: 파충강
과: 이구아나과
멸종 위기 등급(2012): 위기
수: 미확인
서식지: 피지, 통가(도입)

"피지줄무늬이구아나는
약 10여 개 섬에만 살고 있어요."

피지줄무늬이구아나를 괴롭히는 가장 큰 문제는 섬에 살고 있는 쥐예요. 그리고 쥐를 줄이려고 가끔 섬으로 고양이를 들여오는데 고양이들이 오히려 피지줄무늬이구아나를 잡아먹기도 해요. 또 염소가 다니는 길을 만들려고 숲을 태우다가 이구아나가 살던 곳을 없애기도 해요. 어떤 곳에서는 원래 있던 숲을 소나무 숲으로 바꾸고 있는데 이것도 이구아나를 살기 어렵게 만들어요. 현재 피지줄무늬이구아나를 볼 수 있는 섬들에서는 아무런 보호조치를 하지 않아요. 따라서 가까운 미래에 피지줄무늬이구아나의 숫자는 훨씬 줄어들 거예요.

FIJI

40 CENTS — **40 CENTS**

★ FIRST CLASS POST ★ FIRST CLASS POST ★

LAU BANDED IGUANA
BRACHYLOPHUS FASCIATUS

할리퀸개구리

중남미 열대우림은 지구 어느 곳보다 식물과 동물에게 낙원 같은 곳이에요. 그 가운데서도 특히 할리퀸개구리나 두꺼비처럼 작고 아름다운 양서류들은 물살이 빠른 숲속 시냇물에 많이 살고 있어요.

열대우림에 사는 다른 동물처럼 할리퀸개구리는 아주 좁은 지역에 살아요. 그래서 열대우림이 농장이나 목장으로 바뀔 때 살던 곳이 사라지는 일이 많아요. 또한 광산 같은 산업 활동 때문에 시냇물이 오염되는 경우도 할리퀸개구리를 살기 어렵게 만들어요. 안타깝게도 할리퀸개구리에게는 또 다른 치명적인 문제가 있어요. 항아리곰팡이 때문에 생기는 키트리디오미코시스라는 병이에요. 이 병 때문에 지난 40년간 세계적으로 양서류의 숫자가 아주 빨리 줄어들었고 많은 양서류가 사라지거나 사라질 위기에 처했어요. 할리퀸개구리는 가장 피해를 많이 받은 양서류예요. 100종이 넘는 양서류 가운데 30종 이상이 더는 찾아볼 수 없거나 완전히 사라졌어요. 나머지도 아주 빨리 줄어들고 있어요.

 *"할리퀸개구리는 1980년대에 들어 아주 빨리 줄어들기 시작했어요."*

남아 있는 양서류 가운데 가장 눈에 띄는 동물이 바로 코스타리카와 파나마의 할리퀸개구리예요. 한때는 무척 흔했지만 1990년대 중반에 들어 코스타리카에서는 멸종된 것으로 알려졌어요. 당시만 해도 파나마에서는 상당히 많이 살고 있었지만 2000년대에 들어 아주 빨리 줄어들기 시작했어요. 다행히 2003년에 코스타리카 보호 구역에서 다시 볼 수 있었어요. 아주 적은 수지만 초기 유행병이 돌던 시기에도 끝까지 저항력을 가지고 살아남았다는 뜻이에요. 바로 할리퀸개구리가 키트리디오미코시스 병에 면역력을 가지게 된 것이지요. 현재는 보호 동물로 정해서 따로 돌보고 있어요. 언젠가는 예전에 살던 자연으로 다시 돌려보낼 수 있을 거예요.

ATELOPUS VARIUS

- 강: 양서강
- 과: 두꺼빗과
- 멸종 위기 등급(2008): 위급
- 수: 미확인
- 서식지: 코스타리카, 파나마

켐프각시바다거북

LEPIDOCHELYS KEMPII

강: 파충강
과: 바다거북과
멸종 위기 등급(1996): 위급
수: 미확인
번식지: 멕시코, 미국

현재 바다에 사는 거북은 모두 7종이에요. 대서양 서쪽 멕시코만에 사는 켐프각시바다거북은 숫자도 가장 적고 보기도 가장 힘들어요.

다른 모든 바다거북처럼 켐프각시바다거북은 대부분 바다에서 살아요. 암컷만 알을 낳으러 바닷가로 올라와요. 켐프각시바다거북은 미국과 멕시코만 바닷가를 따라 살고 있어요. 하지만 가장 많이 사는 곳이 어디인지는 오랫동안 몰랐어요. 그러다 1960년에 들어 1947년에 촬영된 영상이 공개되었어요. 멕시코 타마울리파스에 있는 란초 누에보 바닷가에 약 4만 마리 바다거북이 한꺼번에 나타나는 장면이었어요. 하지만 1960년대 중반 그 지역을 조사해 본 결과 세계에서 가장 많은 바다거북이 알을 낳던 곳이었지만 그 숫자가 엄청나게 줄었다는 것이 밝혀졌어요. 여러 해 동안 사람들이 거북의 알과 바다거북을 먹거리로 삼았기 때문이에요. 게다가 수많은 바다거북이 새우잡이 그물이나 낚싯줄에 걸려 죽기도 했어요. 그래서 바다거북과 바다거북이 알을 낳는 바닷가를 보호하는 법을 만들었어요. 그럼에도 불구하고 상황은 더 나빠졌어요. 1980년대에 란초 누에보 바닷가를 지키려는 움직임이 일어났어요. 낚시에 관한 법률이 만들어졌고 거북이 그물에 걸리는 것을 막기 위해 거북 보호 장치도 만들었어요. 또한 바다거북이 낳은 알을 미국 텍사스에 있는 파드리섬으로 옮겨서 바다거북 숫자를 늘리려고 애썼어요. 덕분에 바다거북은 천천히 늘어나서 2009년에는 알둥지가 약 2만 개가 되었어요. 미국에서는 약 200개였고 대부분이 파드리섬에서 볼 수 있었어요. 암컷은 1년에 두세 번 정도 알을 낳아요. 해마다 알을 낳는 숫자가 조금씩 줄어들고 있어요. 아직 그 이유를 몰라요. 과학자들이 알아내려고 열심히 조사하고 있어요.

> "1980년대 중반에는 해마다 300마리 바다거북이 알을 낳았어요."

인드리

마다가스카르는 특별한 곳이에요. 세계에서 네 번째로 큰 섬이고 이곳에서만 살고 있는 동물과 식물이 수천 종이에요. 그 가운데는 원숭이와 사람의 먼 친척인 여우원숭이도 있어요.

약 2~3천 년 전쯤 사람이 처음 마다가스카르에 왔을 때는 송아지만 한 여우원숭이가 살고 있었어요. 큰 여우원숭이는 사냥 때문에 순식간에 사라졌고 그보다 더 작은 100여 종의 여우원숭이가 살아남았어요. 그 가운데 가장 큰 원숭이가 바로 인드리라 불리는 여우원숭이예요. 현지에서는 바바코토라 불려요. 인드리는 마다가스카르섬 동부 열대우림에서 작은 가족을 이루고 살아요. 주로 나무 위에서 살면서 어린잎을 따 먹어요. 특이한 점은 울부짖는 것 같은 목소리로 노래한다는 거예요.

> "이곳 전설에 따르면 인드리는
> 숲속에서 길을 잃은 사람의 후손이라고 해요."

인드리를 신성시하는 전통 때문에 인드리 사냥은 금기였어요. 다른 여우원숭이처럼 마다가스카르 여우원숭이도 법적으로 보호받고 있어요. 하지만 법이 잘 지켜지지 않아요. 일부 지역에서는 전통적으로 여우원숭이를 보호하던 관습이 무너지고 있어요. 결국 마다가스카르 인드리 사냥이 아주 끔찍한 문제가 되었어요. 더 심각한 것은 농작물을 많이 기르려다 보니 마다가스카르 동부 열대우림이 점점 줄어들고 있다는 사실이에요. 국립공원과 보호 구역도 더는 안전하지 않아요. 마다가스카르는 세계적으로 가장 가난한 나라 중 하나예요. 때문에 마다가스카르 혼자서는 열대우림을 지키는 데 필요한 사람들조차 구하기 어려워요. 다른 나라들이 일손을 보태 주었지만 아직도 턱없이 부족한 현실이에요. 열대우림을 지키려는 움직임이 없다면 인드리뿐만 아니라 다른 야생동물들의 앞날도 어두울 거예요.

INDRI INDRI

강: 포유강
과: 인드리과
멸종 위기 등급(2012): 위급
수: 미확인
서식지: 마다가스카르

호랑이

호랑이는 고양잇과 가운데 가장 큰 동물이에요. 얼마 전까지만 해도 카스피해에서 극동 지역까지 아시아에서 폭넓게 살고 있었어요. 하지만 지금은 상황이 완전히 달라졌어요. 많은 곳에서 호랑이는 사라져 버렸어요. 이제 살아남은 숫자도 적을 뿐 아니라 보기도 힘들어요. 왜 이렇게 되었을까요? 그 이유는 아주 간단해요.

사람과 호랑이는 서로 잘 지낼 수 있는 사이가 아니에요. 호랑이를 자주 볼 수 있었던 곳은 현재 주로 사람들이 모여 사는 곳이에요. 호랑이는 최상위 포식자 가운데 하나예요. 충분한 땅이 필요하고 사슴, 멧돼지, 영양과 같은 먹잇감이 많아야 해요. 이런 먹잇감이 줄어들면 호랑이는 양, 소, 염소 같은 가축으로 눈을 돌릴 수밖에 없어요. 가끔은 사람이 희생되기도 해요. 게다가 호랑이 가죽은 아주 값비싼 물건이고 호랑이 뼈는 중국 전통의약품의 재료로 쓰여 왔어요.

"아무리 법으로 금지해도
호랑이 사냥은 여전히 계속되고 있어요."

하지만 보호조치를 잘 실천하고 호랑이가 살아갈 땅과 먹잇감이 충분하다면 호랑이는 다시 많아질 수 있어요. 세계에서 인구밀도가 가장 높은 나라 가운데 하나인 인도에서도 호랑이 숫자가 다시 늘어났어요. 인도는 전 세계 야생 호랑이의 3분의 2가 살고 있는 나라예요. 그리고 실제로 최근에 호랑이가 늘어났어요. 통계를 보면 2011년 인도에서 1,700마리에 불과했던 호랑이가 2014년 2,200마리가 넘었어요. 사람들의 숫자가 계속 늘어나는 곳에서 야생동물을 보호하기는 분명 쉽지 않은 일이지요. 하지만 그래도 가능하다는 것을 인도에서 보여 주고 있어요.

PANTHERA TIGRIS

강: 포유강

과: 고양잇과

멸종 위기 등급(2014): 위기

수: 3,000~4,000

서식지: 방글라데시, 부탄, 중국, 인도, 인도네시아, 라오스, 말레이시아, 미얀마, 네팔, 러시아, 태국. 캄보디아, 북한, 베트남에도 생존 가능성 있음.

대왕판다

대왕판다는 모든 야생동물 가운데 가장 눈에 띄고 유명하지만 사라질 위기에 있어요. 대왕판다는 곰과 중에서도 아주 특이하게 채식을 해요.

대왕판다는 거의 대나무만 먹어요. 한때 대왕판다는 동남아시아 북부와 중국 남부에서부터 북경에 이르기까지 대나무 숲에서 널리 살았어요. 하지만 사냥과 농경지 개발 때문에 살 곳을 잃었고 숫자도 줄어들었어요. 20세기 중반에 이르자 대왕판다는 중국 서부에 있는 쓰촨성, 산시성, 간쑤성에서만 볼 수 있게 되었어요. 이곳에서는 1970년대에만 해도 대왕판다를 흔하게 볼 수 있었어요. 전체 수도 2,500마리에 이르렀지요. 하지만 1980년대 한 조사에 따르면 불법 사냥이 이어지고 숲이 사라지면서 대왕판다가 너무 빨리, 너무 많이 줄어든 것으로 나타났어요. 대왕판다의 수는 불과 10년 만에 절반으로 줄어들었어요.

"현재 중국 서부에는 겨우 70마리 정도의 대왕판다가 살고 있어요.
대왕판다가 살 수 있도록 140만 제곱킬로미터의 땅을 보호하고 있어요."

대왕판다가 위기에 처하자 여러 가지 보호 정책이 펼쳐졌어요. 대왕판다 보호구역 사이에 네트워크를 만들었고, 불법 사냥을 막으려고 힘썼어요. 1997년 중국에서는 전국적인 나무 심기 캠페인을 펼쳤어요. 덕분에 대왕판다가 살고 있는 땅에도 숲이 늘어났어요. 최근 조사에 따르면 2011년부터 2014년까지 약 2,000마리 야생 대왕판다를 볼 수 있었대요. 이것은 1980년대에 비하면 정말 놀랄 만큼 늘어난 숫자예요.

대왕판다는 여전히 사라질 위기에 있어요. 현재 살아 있는 대왕판다의 숫자는 여전히 적어요. 또한 외따로 모여 살아서 사고나 질병으로 사망할 위험이 높아요. 게다가 기후 변화로 대왕판다가 살기 좋은 땅이 줄어들고 있어요. 그렇지만 대왕판다의 상태는 30년 전보다 훨씬 더 나아졌어요.

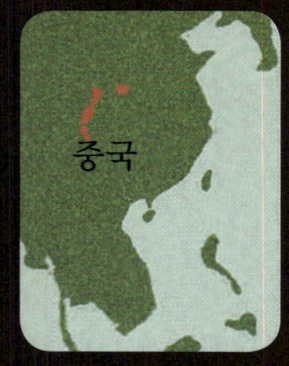

AILUROPODA MELANOLEUCA

강: 포유강
과: 곰과
멸종 위기 등급(2016): 취약
수: 약 2,000
서식지: 중국

주머니개미핥기

유럽인들은 17세기에 처음 호주에 왔어요. 그리고 그동안 어디서도 보지 못했던 특이한 동물을 많이 보았어요. 그 가운데에는 개미핥기도 있었어요. 개미핥기는 개미 가운데서도 흰개미만 먹고 산답니다.

MYRMECOBIUS FASCIATUS

강: 포유강
과: 주머니개미핥깃과
멸종 위기 등급(2008): 위기
수: 약 1,000 이상
서식지: 호주

해마다 유럽에서는 어린이부터 노인에 이르기까지 온 가족이 호주로 건너왔어요. 그리고 의도했든 아니든 다른 동식물도 함께 데려왔어요. 그래서 호주에 원래 살고 있던 동식물에 큰 변화가 생겼어요. 가장 문제가 된 것은 붉은 여우를 데려온 것이었어요. 19세기 영국에서는 여우 사냥이 유행이었어요. 영국에서 온 사람들은 호주에서도 여우 사냥을 하려고 붉은 여우를 데려온 거예요. 붉은 여우를 호주에 살게 하려는 노력은 몇 차례 실패 끝에 성공을 거두었어요. 1870년대에 이르자 붉은 여우는 호주 남쪽에서 빠르게 퍼져 나갔어요. 새로운 포식자가 나타나자 여러 개미핥기들이 심각한 피해를 입었어요. 어떤 개미핥기는 완전히 사라져 버렸고 또 다른 개미핥기는 뭍과 떨어진 섬에서만 살아남았어요. 개미핥기들이 살아갈 땅이 줄어들기도 했고 살쾡이 같은 포식자도 있었지요. 하지만 여러 개미핥기들이 사라지게 된 가장 큰 원인은 붉은 여우였어요.

 *"붉은 여우를 데려온 이후 호주에서는 적어도 20종의 포유동물이 사라졌어요!"*

주머니개미핥기는 다행히 완전히 멸종되지는 않고 호주 내륙에 일부 남아 있어요. 꼬리털이 풍성하고 코가 뾰족한 포유류인 주머니개미핥기는 한때 호주 남단의 숲에 널리 퍼져 살았어요. 하지만 현재는 호주 남서부에 여우가 살지 않는 곳에서만 살고 있어요. 뉴사우스웨일스와 남호주에서는 새로 보호 구역을 만들었어요. 그리고 여우와 살쾡이가 다가올 수 없게 울타리를 쳐서 주머니개미핥기를 보호하고 있어요.

$1 · AUSTRALIA · $1

★ FIRST CLASS POST ★ FIRST CLASS POST ★

NUMBAT
MYRMECOBIUS FASCIATUS

캘리포니아콘도르

캘리포니아콘도르는 북아메리카에서 가장 큰 새예요. 양 날개는 펼치면 3미터에 이르고 몸무게가 14킬로그램에 달하지요. 한때는 가장 널리 퍼져 살던 새였어요. 주로 죽은 동물을 먹어요. 하지만 북아메리카에 사람들이 나타나면서 콘도르가 살 곳이 줄어들기 시작했어요.

19세기가 되자 콘도르는 북아메리카 서쪽 바닷가에서만 볼 수 있었어요. 그곳에서도 콘도르의 숫자는 점점 줄어들었어요. 왜냐하면 콘도르가 가축을 잡아먹는다고 잘못 알았던 목장 주인들이 콘도르를 마구잡이로 사냥했기 때문이에요. 게다가 콘도르가 주로 먹는 죽은 동물에 박힌 총알이 문제였어요. 총알의 납 성분이 콘도르에게 납중독을 일으킨 거예요. 1981년에 이르자 남부 캘리포니아에서 야생 콘도르는 22마리밖에 남지 않았어요. 상황은 무척 심각했어요. 야생동물협회는 콘도르를 보호할 수 있는 방법을 찾아냈어요. 남아 있는 콘도르를 잡아서 알을 낳고 품을 수 있도록 도와주고 다시 자연으로 돌려보내는 것이었어요. 말도 많고 탈도 많은 방법이었지만 효과는 있었어요. 이런 방법으로 1988년에 처음으로 새끼가 태어났고 1992년에는 가두어 기르던 콘도르 2마리를 자연으로 보냈어요. 캘리포니아뿐만 아니라 애리조나에서도 이런 방식으로 콘도르를 길러 자연으로 보냈어요. 2002년에는 멕시코의 바하칼리포르니아에서도 같은 방법으로 콘도르를 길러서 다시 자연으로 보냈어요

 **"야생 콘도르는 2002년부터 다시 알을 낳아 새끼를 키우기 시작했어요."**

콘도르가 점점 늘어나기 시작했어요. 아주 조금씩 늘어났어요. 콘도르는 여섯 살이 되어야 알을 낳고 기껏해야 2년에 한 번 새끼를 낳고 기르기 때문이에요. 2016년이 지나갈 무렵에는 야생 캘리포니아콘도르가 270마리에 이르렀어요. 그리고 협회가 보호하던 콘도르도 170마리에 이르렀어요. 콘도르의 숫자는 협회가 보호하는 콘도르를 얼마나 자연으로 돌려보내는지에 달려 있어요. 하지만 행운이 따른다면 더는 이런 보호가 필요 없을 거예요. 2008년 캘리포니아에서 통과된 법에 따라 모든 사냥꾼은 납 성분이 없는 총알을 써야 해요. 하지만 다른 곳에서는 여전히 납중독이 콘도르의 생명을 노리고 있어요.

GYMNOGYPS CALIFORNIANUS

강: 조강
과: 콘도르과
멸종 위기 등급(2017): 위급
수: 446(야생 276, 사육 170)
서식지: 멕시코, 미국

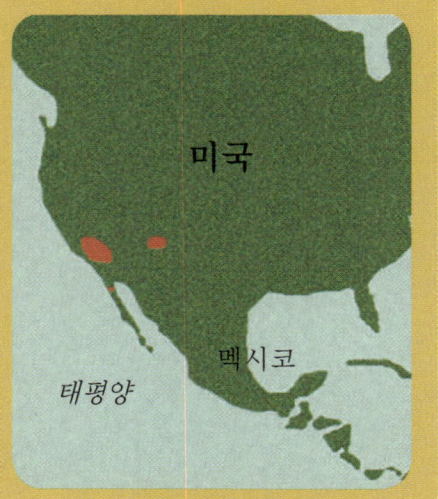

검은코뿔소

50년 전까지만 해도 검은코뿔소는 다섯 종의 코뿔소 가운데 가장 흔한 코뿔소였어요. 검은코뿔소는 싸움을 좋아하는 성격으로 유명하지요. 사하라 남부 아프리카를 가로질러 폭넓게 살고 있었고 숫자도 10만 마리 이상이었어요.

하지만 그 숫자가 아주 빠르게 줄어들었어요. 뿔을 얻으려고 검은코뿔소를 마구 사냥했기 때문이에요. 1970년대와 80년대에 코뿔소 뿔은 예멘에서는 잠비야(구부러진 짧은 칼)의 손잡이로 쓰였어요. 중국에서는 약을 만드는 재료로 쓰였지요. 열, 류머티즘, 통풍 등 여러 가지 병을 치료하는 데 쓰였어요. 예멘에서는 코뿔소 뿔에 대한 수요가 줄어들고 있어요. 하지만 중국을 비롯한 다른 아시아 나라는 소득이 늘어남에 따라 오히려 코뿔소 뿔을 더 찾기 시작했어요. 1977년 멸종 위기에 처한 야생 동식물의 국제 거래에 관한 협약이 만들어졌어요. 이에 따라 코뿔소 뿔을 사고파는 것이 금지되었어요. 마침내 코뿔소가 법적으로 보호받게 된 거예요. 그렇지만 아직도 사람들은 몰래 코뿔소를 사냥하고 있어요.

> "코뿔소 뿔은 값이 비싸서 밀렵꾼들에게는 여전히 매력적인 사냥감이에요."

1995년에 들어 검은코뿔소는 2,500마리 미만으로 줄어들었어요. 검은코뿔소가 늘어난 유일한 나라는 남아프리카공화국과 나미비아였는데 두 나라에서는 야생동물 보호를 위해 어마어마한 투자를 하고 있었어요. 다행히 그 이후로 검은코뿔소의 수는 줄어들지 않았어요. 몇몇 나라에서는 보호조치 덕분에 수가 늘어나기도 했어요. 2015년 말에는 약 5,250마리의 검은코뿔소가 살고 있는 것으로 추정되었어요. 남아프리카공화국과 나미비아에 각각 1,900마리가, 나머지 대부분은 케냐, 탄자니아, 짐바브웨에 살고 있는 것으로 알려졌어요. 몰래 코뿔소 뿔을 사고팔려는 사람들로부터 코뿔소를 지키는 일은 끝나지 않는 전쟁이에요. 요즘은 베트남 사업가들이 성공의 상징으로 코뿔소 뿔을 가장 많이 찾고 있대요. 코뿔소를 보호하려면 사람들의 잘못된 생각을 바꾸는 것이 아주 중요해요.

DICEROS BICORNIS

강: 포유강
과: 코뿔솟과
멸종 위기 등급(2011): 위급
수: 5,250
서식지: 보츠와나, 케냐, 말라위, 모잠비크, 나미비아, 남아프리카공화국, 스와질랜드, 탄자니아, 잠비아, 짐바브웨

유럽뱀장어

ANGUILLA ANGUILLA

강: 조기어강
과: 뱀장어과
멸종 위기 등급(2013): 위급
수: 미확인
서식지(성체): 서유럽 56개국, 북아프리카, 지중해

유럽뱀장어가 언제 태어나고 어디서 어떻게 사는지는 오랫동안 미스터리였어요. 누구도 유럽뱀장어가 알을 낳는 걸 본 적이 없고 어린 뱀장어가 어디에 살고 있는지도 알 수 없었어요. 그러다 1900년대에 들어와서야 대서양에서 온 렙토세팔리라는 작은 물고기가 어린 유럽뱀장어라는 사실이 밝혀졌어요.

우선 어린 유럽뱀장어를 볼 수 있는 곳을 지도로 만들어 보았어요. 그러고 나서야 유럽뱀장어가 알을 낳으려고 대서양에서부터 미국 근처 사르가소해까지 약 7천 킬로미터를 이동한다는 사실을 알아냈어요. 그렇게 태어난 어린 유럽뱀장어들은 다시 천천히 유럽으로 돌아온대요. 최근까지만 해도 어마어마한 수의 유럽뱀장어가 떼를 지어 이동했어요. 서유럽 바다가 가까운 민물에서는 흔히 찾아볼 수 있는 물고기였지요. 덕분에 사람들은 뱀장어를 마음껏 먹었어요. 특히 영국에서는 뱀장어 젤리가 미식가들 사이에 유명한 음식이 되었어요.

하지만 1980년대에 들어 유럽뱀장어는 아주 빠르게 줄어들었어요. 여러 가지 이유가 있겠지만 특히 폴리염화비페닐로 알려진 화학물질 때문에 뱀장어가 알을 낳지 못하게 되었어요. 대서양 물길의 변화도 뱀장어 떼가 이동하는 것을 어렵게 만들었어요. 또 사람들이 뱀장어를 지나치게 많이 잡아들였어요. 질병이나 기생충(특히 아시아에서 유입된 선충)도 이유였지요. 그리고 곳곳에 댐이 만들어지는 바람에 뱀장어가 강물을 자유롭게 오르내리지 못하는 것도 큰 이유였어요. 여러 가지 이유 가운데 특별히 한 가지가 큰 영향을 미쳤는지 아니면 여러 가지 이유가 종합적으로 영향을 미쳤는지는 아직 잘 몰라요.

> "유럽뱀장어 수는 100분의 1로 줄어들었어요."

유럽뱀장어가 줄어든 이유가 정확하지 않기 때문에 해결책을 못 찾고 있어요. 유럽에서는 폴리염화비페닐의 사용이 금지되었어요. 하지만 물속에 여러 해 동안 남아 있기 때문에 실제로 효과가 나타나려면 시간이 오래 걸릴 거예요. 뱀장어 낚시에 관한 규정도 만들어졌어요. 또 뱀장어가 강을 쉽게 오르내릴 수 있도록 여러 분야에서 힘쓰고 있어요. 뱀장어를 길러서 풀어 주는 방법도 생각하고 있지만 아직 인공 짝짓기 방법을 찾지 못했어요. 따라서 자연에서 어린 뱀장어를 잡아서 옮겨 주는 방법밖에 없어요.

타파눌리오랑우탄

오랑우탄은 사람, 고릴라, 침팬지, 난쟁이 침팬지와 함께 사람과에 속해요. 무리를 지어 보면 모두 유인원이라고 불리지요.

세상에서 가장 흔한 동물인 사람을 빼고 모든 유인원들한테는 중요한 공통점이 하나 있어요. 모두 이 세상에서 사라질 위기에 처해 있다는 거예요.

최근까지만 해도 동남아시아 열대우림에는 두 종의 오랑우탄이 살고 있었어요. 하나는 보르네오섬에 살고 다른 하나는 수마트라섬 북부에 살았어요. 그런데 두 종이 아니라 세 종의 오랑우탄이라는 사실이 밝혀졌어요. 1930년대부터 수마트라 남부 바탕 토루라고 알려진 산악 지대에 오랑우탄이 살고 있다는 소문이 돌았어요. 1990년대에 들어 과학자들은 그곳에서 실제로 오랑우탄을 보았어요. 자세히 조사해 본 과학자들은 이곳에 사는 오랑우탄이 다른 오랑우탄과는 다른 점이 많다는 걸 알았어요. 과학자들은 이 오랑우탄을 타파눌리오랑우탄이라고 불렀어요. 당시 타파눌리오랑우탄은 약 800마리가 살고 있었어요.

"타파눌리오랑우탄은 모든 유인원 가운데 가장 희귀한 종이에요."

과학자들은 타파눌리오랑우탄을 발견하자마자 보호하려고 힘썼어요. 덕분에 타파눌리오랑우탄이 사는 곳을 둘러싼 수천 제곱킬로미터 땅이 공식적으로 보호구역으로 정해졌어요. 2001년부터는 보호구역 안에서는 숙박이 금지되었어요. 하지만 여전히 문제는 남아 있어요. 다른 곳에서 옮겨 온 사람들이 농사를 짓느라 숲을 없애고 있어요. 여기저기 금광이 만들어지고 있고 무엇보다 수력발전을 하려고 댐을 만든다고 해요. 만약에 댐이 만들어지면 열대우림 대부분이 물에 잠길 거예요. 또 가끔은 농사지은 열매를 훔쳐 먹는다는 이유로 주민들이 타파눌리오랑우탄을 죽이기도 하고, 어린 타파눌리오랑우탄을 애완용으로 거래하기도 한대요.

PONGO TAPANULIENSIS

- 강: 포유강
- 과: 사람과
- 멸종 위기 등급(2017): 위급
- 수: 약 800
- 서식지: 수마트라(인도네시아)

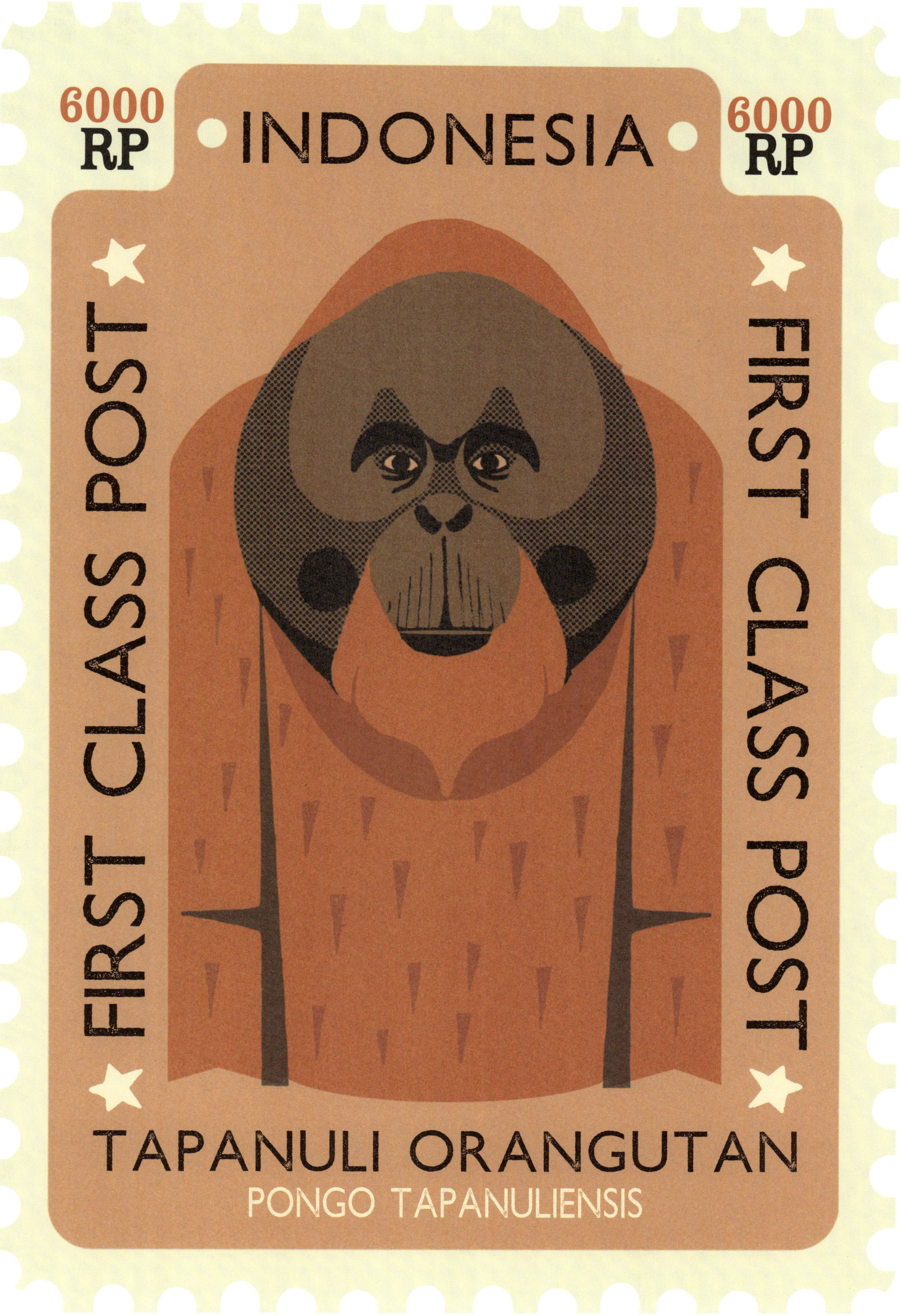
6000
RP
INDONESIA
6000
RP
FIRST CLASS POST
FIRST CLASS POST
TAPANULI ORANGUTAN
PONGO TAPANULIENSIS

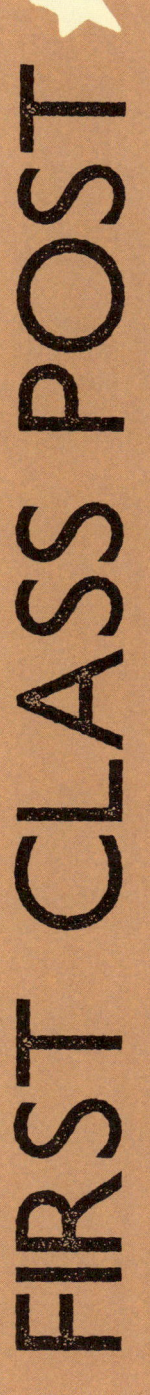

암스테르담앨버트로스

암스테르담앨버트로스는 지구상에서 날아다니는 새 가운데 가장 몸집이 큰 편이에요. 인도양 남부 프랑스령인 암스테르담섬 높은 곳에 살고 있어요.

2014년에는 새끼를 키우는 앨버트로스 부부를 46쌍 정도 볼 수 있었어요. 적은 수이기는 하지만 1980년대에 5쌍이었던 것에 비하면 정말 많이 나아졌어요. 모든 앨버트로스가 해마다 짝짓기를 하지는 않아요. 한 번 새끼를 잘 기르고 나면 다시 짝짓기하기 전 1년을 바다에서 쉬어요. 어린 새들은 짝을 찾아 뭍으로 오기 전에 몇 년을 바다에서 보내요.

> "1980년대 암스테르담앨버트로스는 거의 사라질 뻔했어요."

다른 앨버트로스처럼 암스테르담앨버트로스도 긴 낚싯줄 사고로 죽는 것을 포함해 여러 어려움을 겪고 있어요. 앨버트로스는 낚싯배에서 드리운 낚싯줄 미끼에 속는 일이 많아요. 당연히 미끼를 물면 잡혀서 물에 빠져 죽게 되지요. 1970년대와 80년대에는 암스테르담섬 주변에 참치잡이 배가 많았어요. 이 참치잡이 배 때문에 암스테르담앨버트로스는 거의 사라질 뻔했어요. 게다가 1871년부터 섬에 소가 들어오면서 암스테르담앨버트로스가 살던 땅은 아주 엉망이 되었어요.

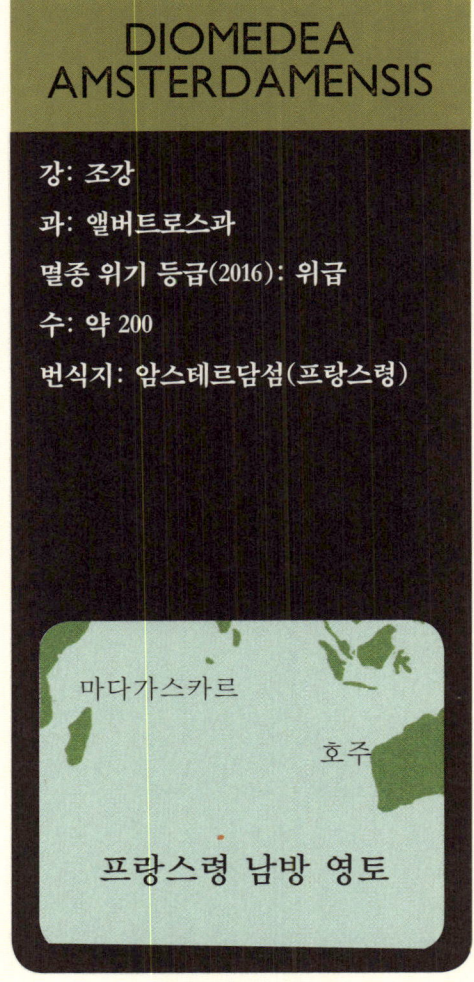

DIOMEDEA AMSTERDAMENSIS

강: 조강
과: 앨버트로스과
멸종 위기 등급(2016): 위급
수: 약 200
번식지: 암스테르담섬(프랑스령)

마다가스카르 호주

프랑스령 남방 영토

1992년에는 앨버트로스가 사는 땅에 울타리를 만들었고 2011년에는 섬에서 소를 모두 몰아냈어요. 지난 20여 년 동안보다 참치잡이 배도 줄어들었어요. 긴 낚싯줄을 사용하는 연승어업 때문에 바닷새가 죽는 것을 막는 장치도 만들었어요. 그러자 효과가 나타났어요. 현재 암스테르담앨버트로스에게 가장 큰 문제는 조류독감과 같은 전염병이에요. 조류독감은 닭에게도 치명적인 전염병이지요. 2000년과 2001년 사이에 3분의 2가 넘는 어린 앨버트로스가 조류독감 때문에 죽었어요. 다행히 그 뒤로는 전염병이 돌지 않고 있어요.

대왕고래

대왕고래는 그동안 지구를 거쳐 간 동물 가운데 가장 몸집이 큰 동물이에요. 한동안 모든 바다에서 볼 수 있었어요.

대왕고래는 크릴이라는 갑각류만 먹어요. 크릴이 가장 많이 사는 곳은 남극 주변의 바다예요. 새끼를 키우는 기간인 여름 몇 달 동안 이곳에서 대왕고래를 볼 수 있어요.

대왕고래는 몸집이 가장 크기 때문에 역사적으로 고래잡이들이 가장 잡고 싶어 하는 고래였어요. 바로 고래기름 때문이었지요. 하지만 대왕고래는 힘도 엄청 세고 빨라서 거의 잡히지 않았어요. 하지만 1860년대부터 대포 작살이 사용되었고 1900년에 이르자 대왕고래는 거의 사라질 위기에 처했어요. 남극해에 대한 걱정과 관심도 점점 높아졌어요. 하지만 이미 대왕고래는 살아남기 어려울 만큼 잡혀 죽었어요. 1946년 국제포경위원회가 만들어졌고 세계적으로 잡을 수 있는 대왕고래 숫자를 제한했어요. 하지만 아무 효과가 없었어요. 대왕고래는 점점 줄어들었지요.

> "20세기 초가 되자 수천 마리 대왕고래가 해마다 남극해에서 죽음을 맞았어요."

마침내 1966년 모든 상업적인 고래잡이가 금지되었어요. 하지만 불법 고래잡이는 1970년대까지 계속되었어요. 이때 남극해 대왕고래 숫자는 몇 백마리까지 줄어들었어요. 이제 더는 회복할 수 없을 정도로 적은 숫자가 남았다는 걱정도 있었어요. 하지만 다행히 그렇지는 않았어요. 남극해를 포함해서 세계적으로 대왕고래의 수는 100년 전에 비하면 미미하긴 하지만 그래도 늘어나고 있어요.

BALAENOPTERA MUSCULUS

강: 포유강
과: 수염고랫과
멸종 위기 등급(2008): 위기
수: 약 10,000 ~ 25,000
서식지: 캐나다 북극권을 제외한 모든 대양
(지중해, 베링해, 오호츠크해 제외)

아시아코끼리

현재 남아 있는 코끼리는 두 종이에요. 하나는 아프리카코끼리이고 다른 하나는 아시아코끼리예요. 아시아코끼리는 아프리카코끼리보다 훨씬 귀해서 그 수도 10분의 1 정도밖에 안 되는 약 4~5만 마리예요.

몇백 년 전만 해도 아시아코끼리는 이란부터 중국 양쯔강까지 아시아 남쪽에 폭넓게 퍼져 있었어요. 하지만 오랫동안 사냥되고 살 곳을 잃어버려서 거의 모든 곳에서 아시아코끼리가 사라져 버렸어요. 현재는 수마트라섬과 보르네오섬 일부에서만 볼 수 있어요.

보르네오 코끼리는 신비에 싸여 있어요. 유전적으로 보면 다른 곳에 사는 코끼리와 뚜렷이 다르기 때문이에요. 수백, 수천 년 전에 보르네오섬에 도착한 코끼리를 대표한다고 할 수 있어요. 그 옛날 바다 높이는 지금보다 훨씬 낮았거든요. 아니면 몇백 년 전에 보르네오섬으로 옮겨진 코끼리의 후손일 수도 있어요. 원래는 자바섬에서 왔을 거예요. 자바섬에서는 이제 코끼리를 볼 수 없어요. 사람들은 적어도 2천 년 전부터 아시아코끼리를 길들였고 코끼리를 사고파는 전통이 있었어요.

"코끼리가 살던 땅들은 이제 대부분 논밭으로 바뀌었어요."

코끼리의 조상이 누구든 보르네오 코끼리는 현재 사라질 위기에 처해 있는 아시아코끼리를 대표하고 있어요. 보르네오섬에는 약 1,500마리가 있고 말레이시아 반도에도 비슷한 수의 코끼리가 살고 있어요. 보르네오섬에 사는 코끼리는 주로 말레이시아 사바주 안에 흩어져 살아요. 일부 코끼리는 칼리만탄섬에도 살고 있어요. 코끼리가 살던 많은 땅이 석유 공장이나 다른 농장으로 개발되었어요. 하지만 다행히 제법 넓은 곳이 야생보호구역으로 남겨져 있어요. 야생보호구역이 남아 있는 한 코끼리는 살아갈 수 있을 거예요.

ELEPHAS MAXIMUS

강: 포유강
과: 코끼릿과
멸종 위기 등급(2008): 위기
수: 40,000~50,000
서식지: 방글라데시, 부탄, 캄보디아, 중국, 인도, 인도네시아, 라오스, 말레이시아, 미얀마, 네팔, 스리랑카, 수마트라(인도네시아), 태국, 베트남

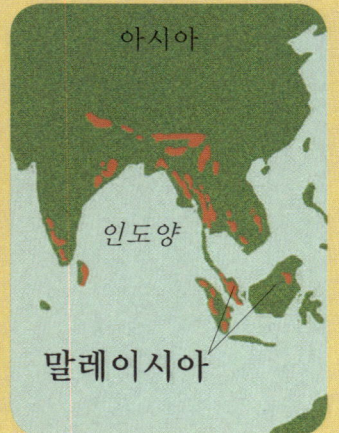

이베리아스라소니

이베리아스라소니는 한때는 널리 퍼져 있던 유라시아스라소니로 알려졌어요. 그러나 지금은 전혀 다른 스라소니라는 것이 밝혀졌어요. 이베리아스라소니는 세계에서 가장 보기 드문 고양잇과 동물이에요. 하지만 현재는 상황이 많이 좋아져서 앞날이 어둡지 않아요.

다른 야생고양이처럼 이베리아스라소니는 비밀스럽고 혼자 생활하며 밤에 돌아다녀요. 주로 야생토끼를 잡아먹는 아주 솜씨 좋은 사냥꾼이에요. 그래서 이베리아스라소니는 지중해를 따라 펼쳐진 풀밭이나 작은 숲을 가장 좋아해요. 이곳에는 토끼가 많이 사는 데다 사냥할 때 숨을 만한 곳이 많기 때문이에요.

1950년대까지만 해도 이베리아스라소니는 스페인과 포르투갈에 널리 흩어져 살고 있어서 제법 흔한 동물이었어요. 거의 수천 마리에 달했어요. 하지만 1953년에 점액종증이 유행하면서 스페인에 살던 토끼들이 거의 사라졌어요. 결국 점액종증이 유행한 곳에서는 토끼가 99% 줄어들었어요. 따라서 이베리아스라소니도 아주 빠르게 줄어들었어요. 나중에 토끼는 다시 늘어났지만 스라소니는 크게 늘어나지 못했어요. 사람들이 토끼 고기와 털을 얻으려고 토끼를 사냥해서 스라소니는 먹이를 구하기가 어려웠어요. 게다가 사람들은 스라소니가 가축을 잡아먹을까 봐 두려웠어요. 결국 사람들은 스라소니를 사냥했어요. 이런 문제들이 스라소니에게 아주 나쁜 영향을 끼쳤어요. 2000년이 되자 야생에는 짝짓기를 할 수 있는 어른 스라소니가 겨우 60여 마리밖에 남지 않았어요.

그제야 적극적인 스라소니 보호 활동이 일어났어요. 먼저 스라소니에게 먹을거리를 충분히 주어야 했어요. 스라소니가 사는 땅에서는 사람이 사냥할 수 있는 토끼의 수를 법으로 제한했어요. 스라소니가 숨을 곳과 물웅덩이를 지켜 주었어요. 또한 스라소니를 여러 곳으로 옮겨 살게 했어요. 다행히 2016년에는 어른 스라소니 숫자가 약 240마리 정도로 늘었고 스페인과 포르투갈의 4개 지역에서 퍼져 나가기 시작했어요. 현재 스라소니에게 가장 큰 위험은 교통사고예요. 2014년부터 2016년까지 50마리가 넘는 스라소니가 도로에서 목숨을 잃었어요.

LYNX PARDINUS

강: 포유강
과: 고양잇과
멸종 위기 등급(2014): 위기
수: 400(성체 240 포함)
서식지: 스페인, 포르투갈(재도입)

 "2000년도를 기준으로 남아 있는 이베리아스라소니를 모두 찾을 수 있는 곳은 스페인 남서부의 두 곳뿐이에요."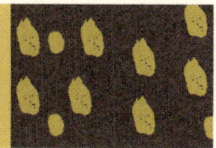

러시아철갑상어

철갑상어는 캐비아라는 값비싸고 고급스러운 식재료를 만들어 내는 것으로 유명해요.

암컷 철갑상어의 알을 소금에 절인 캐비아는 여러 종류가 있어요. 벨루가의 캐비아가 가장 수요가 많아요. 그다음은 오세트라 캐비아로 러시아철갑상어나 다이아몬드철갑상어의 알로 만든 캐비아예요. 주로 흑해나 카스피해 또는 아조프해 가까이 사는 중간 정도 크기의 철갑상어지요.

다른 철갑상어와 마찬가지로 러시아철갑상어는 비교적 얕은 바다에서 살아요. 하지만 알을 낳을 때는 알맞은 장소를 찾아 강물을 수백 킬로미터 거슬러 올라가 알을 낳지요. 또 강물에서만 사는 철갑상어도 있어요. 아니, 지금은 사라졌어요.

"야생 철갑상어의 수를 늘리려고 직접 철갑상어를 옮겨 주는 일을 했어요."

20세기 중반까지만 해도 러시아철갑상어는 대부분 큰 강에서 알을 낳을 수 있었어요. 하지만 두 가지 큰 문제로 철갑상어는 심각하게 줄어들었어요. 하나는 강에 수력발전용 댐을 짓는 바람에 철갑상어가 알 낳는 곳으로 갈 수 없게 되었어요. 또 하나는 1991년 소련이라는 나라가 사라지면서 규제가 없어지고 마구잡이로 잡아들였기 때문이에요. 지난 20년 동안 흑해 다뉴브강과 카스피해 우랄강과 볼가강에서만 철갑상어가 알 낳는 것을 볼 수 있었어요. 러시아와 이란은 철갑상어 수를 늘리려고 애썼어요. 어린 철갑상어 수백만 마리를 잡아서 몇 년간 돌본 뒤 다시 카스피해에 놓아주었어요. 이러한 노력은 부분적으로만 성공했고 자연에서 알을 낳는 숫자는 계속해서 줄어들었어요. 하지만 러시아철갑상어가 조만간 사라질 것 같지는 않아요. 캐비아를 대량으로 생산하려고 양식 중인 철갑상어가 많기 때문이에요.

ACIPENSER GUELDENSTAEDTII

강: 조기어강
과: 철갑상어과
멸종 위기 등급(2009): 위급
수: 미확인
서식지: 아제르바이잔, 불가리아, 조지아, 이란, 카자흐스탄, 몰도바, 루마니아, 러시아, 세르비아, 터키, 투르크메니스탄, 우크라이나

갈라파고스땅거북

1535년 파나마에서 페루로 가던 스페인 배 한 척이 태평양에서 길을 잃고 헤맨 적이 있어요. 그 배에 탔던 사람들은 여러 섬에서 다양한 야생동물을 처음 보았지요. 바다사자, 날지 않는 가마우지, 바다이구아나 같은 동물들이었어요.

당시 배에 탔던 사람들에게 가장 눈에 띈 동물이 바로 아주 커다란 거북이었어요. 그래서 뱃사람들은 그때 가 본 섬들을 갈라파고스 제도라고 불렀어요. 갈라파고스는 스페인어로 거북이라는 뜻이에요. 처음에는 19개 섬 가운데 적어도 7개 섬에서 거북을 볼 수 있었어요. 갈라파고스땅거북은 오늘날에는 5개 섬에만 살고 있어요. 섬마다 살고 있는 거북의 숫자도 다르고, 가장 큰 섬인 이사벨라섬에서는 사는 곳에 따라 거북의 생김새도 다 달라요. 그래서 어떤 과학자들은 생김새에 따라 아예 다른 거북으로 나누기도 하고 또 어떤 과학자들은 같은 거북으로 묶기도 해요.

CHELONOIDIS NIGER
SPECIES COMPLEX

강: 파충강
과: 땅거북과
멸종 위기 등급(2015): 취약
수: 20,000~25,000
서식지: 갈라파고스 제도(에콰도르)

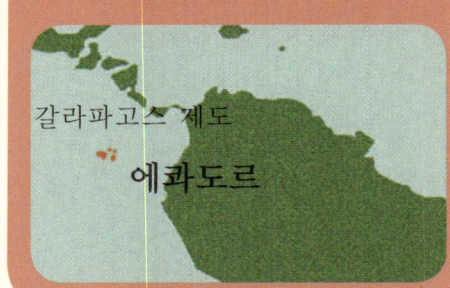

갈라파고스 제도
에콰도르

"뱃사람들은 거북을 배에 태우고 다니다가
신선한 고기를 먹고 싶을 때 잡아먹었어요."

갈라파고스 제도가 알려지자 탐험가나 해적들이 섬을 많이 이용했어요. 1790년대부터는 고래잡이배와 바다표범 사냥꾼들도 먹을 것을 얻으려고 섬에 왔어요. 거북에게는 무척 불행한 일이었지만 사람에게는 참으로 고마운 섬이었어요. 시간이 지나자 에콰도르에서도 섬을 찾아왔어요. 거북을 잡아서 기름을 생산했지요. 19세기는 아예 사람들이 섬에 살러 왔어요. 사람들이 데려온 염소와 소 때문에 거북이 먹을 것이 줄어들었어요. 그리고 돼지와 쥐는 거북의 알을 파헤치거나 어린 거북을 잡아먹기도 했어요. 갈라파고스 제도는 1959년에 국립공원으로 지정되었어요. 하지만 1970년대까지도 거북을 지키려는 어떤 노력도 하지 않았어요. 거북의 수가 약 3,000마리까지 줄어들자 그제야 거북을 지키려고 했어요. 섬에 들어온 쥐, 돼지, 염소를 다시 섬 밖으로 내보내거나 구역을 정해서 가두었어요. 또한 거북을 잡아서 새끼를 기른 뒤 자연으로 돌려보냈어요. 현재 갈라파고스땅거북은 2만 마리가 넘어요.

알프스하늘소

딱정벌레는 다른 어떤 동물보다도 종류가 많아요. 대부분 딱정벌레는 크기가 작고 열대우림에서 살아요. 하지만 다른 곳에서도 딱정벌레를 볼 수 있어요. 아름다운 알프스하늘소는 크기도 크고 열대우림이 아닌 곳에서 볼 수 있는 딱정벌레예요.

알프스하늘소는 몸길이가 4센티미터나 돼요. 남유럽이나 중앙유럽 혹은 남서아시아 숲에서 살아요. 다른 곤충은 애벌레로 오랜 시간을 보내고 어른이 되어서는 기껏해야 몇 주밖에 살지 못해요. 하지만 알프스하늘소는 2~4년 정도를 성체로 살아요. 알프스하늘소의 애벌레는 죽은 나무나 썩은 나무에서 먹을 것을 얻어요. 그리고 중앙유럽에서는 거의 너도밤나무에서 먹을 것을 얻어요. 애벌레가 살 수 있으려면 나무가 아주 메말라 있어야 해요. 알프스하늘소는 떨어진 나뭇가지, 축축한 곳에서 썩고 있는 나뭇등걸, 그리고 그늘진 곳은 좋아하지 않아요. 따라서 알프스하늘소는 햇살이 잘 드는 곳에서 죽은 나무 또는 살아 있는 나무의 다친 가지에 살아요.

> "지금 숲에는 알프스하늘소가 살 수 있는 나무가 너무 없어요."

불행하게도 많은 곳에서 넓은잎나무를 빨리 자라는 바늘잎나무로 바꿔 심었어요. 너도밤나무 같은 넓은잎나무도 여전히 있기는 해요. 하지만 사람들은 죽은 나뭇가지나 다친 가지를 쳐내는 걸 좋아하지요. 따라서 애벌레가 먹이를 얻을 수 있는 곳이 사라져가고 있어요. 더 심각한 문제가 있어요. 나무를 땔감이나 목재로 생산하는 곳에서는 베어 낸 나무를 말리기 위해 햇빛이 잘 드는 너른 공간이나 숲 가장자리에 쌓아 두어요. 그런데 알프스하늘소 암컷이 보기엔 이렇게 바짝 마른 나무들이 알을 낳기에 아주 좋은 곳이에요. 하지만 이런 곳에 알을 낳으면 어떤 애벌레도 살아남을 수 없어요. 나무들은 머지않아 땔감으로 불에 들어가거나 가구로 만들어지기 때문이에요. 결국 알프스하늘소는 곳곳에서 아주 빨리 줄어들었어요. 알프스하늘소를 흔히 볼 수 있었던 독일 남부에서도 이제는 거의 볼 수가 없어요.

ROSALIA ALPINA

강: 곤충강

과: 하늘솟과

멸종 위기 등급(1996): 취약

수: 미확인

서식지: 알바니아, 오스트리아, 벨라루스, 불가리아, 크로아티아, 체코, 프랑스, 독일, 그리스, 헝가리, 이탈리아, 리히텐슈타인, 몬테네그로, 몰도바, 폴란드, 포르투갈, 루마니아, 러시아, 세르비아, 슬로베니아, 스페인, 스위스, 터키, 우크라이나

황금사자타마린

500년 전에는 브라질 남동부 들판과 언덕은 빽빽한 숲으로 덮여 있었어요. 덕분에 다른 곳에서 볼 수 없는 여러 동물이 살고 있었어요.

그런데 수 세기 동안 사람들은 사탕수수나 커피를 키우느라 숲을 없앴어요. 최근에는 숲을 밀어내고 목장을 만들어서 이제 숲은 아주 조금밖에 남지 않았어요. 그래서 그곳에 살던 많은 동물이 사라질 위기에 내몰렸어요. 황금사자타마린도 그런 동물 가운데 하나예요. 멋진 갈기와 화려한 빛깔의 털을 가진 황금사자타마린은 한때는 리오데자네이루 바닷가 어디서나 볼 수 있었지요. 하지만 1960년대에는 대략 600여 마리밖에 남지 않았어요. 이조차도 아주 작은 숲속에 살고 있어서 오래도록 살아가기가 어려워요. 그 가운데 절반은 겨우 27제곱킬로미터 크기의 뽀소 다스 안따스 생태보호구역에 살고 있어요.

> "1960년대까지 황금사자타마린은 아주 적은 수가 여기저기 흩어져 살고 있었어요."

1970년대에 들어 황금사자타마린을 지키려는 움직임이 일어났어요. 동물원들은 황금사자타마린의 수를 늘려 자연으로 돌려보내려고 짝짓기 프로그램을 함께 했어요. 보호구역이 아닌 곳에서 외롭게 살고 있는 황금사자타마린 가족을 더 넓고 안전한 곳으로 옮겨 주기도 했어요. 이렇게 힘쓴 덕분에 황금사자타마린의 숫자가 더 줄지는 않았어요. 하지만 1990년대 후반까지 다시 늘어나지도 않았지요. 현재 야생에는 3천 마리 정도의 황금사자타마린이 살고 있고 500마리 정도는 동물원에서 살고 있어요. 지금 가장 큰 문제는 황금사자타마린이 예전에 살던 곳에는 새로운 황금사자타마린 가족이 살 만한 숲이 더는 없다는 거예요.

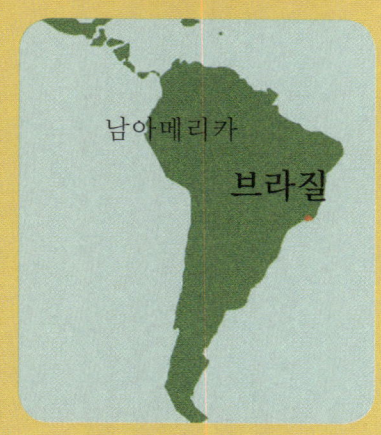

LEONTOPITHECUS ROSALIA

- 강: 포유강
- 과: 비단원숭잇과
- 멸종 위기 등급(2008): 위기
- 수: 3,700(야생 3,200, 사육 500)
- 서식지: 브라질

남아메리카 / 브라질

하지만 우리는 이런 문제도 해결할 수 있어요. 최근 10여 년간 브라질 남동부에는 수백만 그루의 어린나무를 심었어요. 앞으로도 수백만 그루를 더 심을 거예요. 나무를 심고 숲을 키우면 황금사자타마린이 살 수 있는 숲을 충분히 마련할 수 있을 거예요.

톱가오리

톱가오리는 물고기 가운데서도 아주 뚜렷이 눈에 띄는 편이에요. 심각한 위험에 처해 있는 물고기지요. 상어나 가오리와도 이어져 있어요.

바다 바닥이나 강바닥에서 천천히 움직이며 많은 시간을 보내요. 톱가오리는 몸길이가 7미터까지 자랄 수 있어요. 머리 앞부분에 톱이 있어서 이런 이름이 붙었어요. 톱은 주로 먹이를 사냥하는 데 써요. 톱에는 감각기관이 있어서 작은 물고기 같은 먹이를 느낄 수 있어요. 다른 물고기가 너무 가까이 다가오면 갑자기 옆을 후려치고는 톱으로 물고기를 찔러 정신을 잃게 만들어요. 그러곤 잡아먹지요.

"무시무시한 외모에도 불구하고
톱가오리는 사람을 공격하지 않아요."

사람의 경제 활동은 톱가오리 숫자에 어마어마한 영향을 미쳤어요. 사람들은 톱가오리의 고기, 지느러미, 간 기름을 모두 사용했어요. 심지어 톱마저 전리품이나 수집품으로 가치가 높았어요. 그래서 옛날에는 톱가오리만 잡는 어부도 있었어요. 1970년대와 1980년대 초에 한 어부는 톱가오리를 해마다 수천 마리씩 잡아서 결국 니카라과 호수에서 톱가오리가 사라질 위기를 만들었다고 해요. 현재 톱가오리는 보호 어종이 되었어요. 이제는 보기도 어려운 물고기가 되었지요. 하지만 아직도 어부들이 다른 물고기를 잡으려다 실수로 톱가오리를 잡는 일이 있어요. 암컷 톱가오리는 열 살이 되어야 짝짓기를 하기 때문에 수가 늘어나는 데 시간이 무척 오래 걸려요. 이제는 톱가오리가 사는 곳은 별로 없어요. 그 가운데 하나는 니카라과와 코스타리카의 콜로라도산을 끼고 흐르는 후안강이에요.

PRISTIS PRISTIS

강: 연골어강
과: 톱가오릿과
멸종 위기 등급(2013): 위급
수: 미확인
서식지: 대서양과 태평양의 무더운 바닷가 또는 강과 호수

니카라과

동부고릴라

동부고릴라는 엄청 빠르게 사라지고 있어요. 수마트라의 타파눌리오랑우탄을 빼고는 가장 보기 어려운 유인원이 되었지요. 다행스럽게도 어떤 곳에서는 잘 보호되어서 우리에게 희망을 주고 있어요.

동부고릴라는 두 종이 있어요. 하나는 동부 콩고민주공화국 저지대에서 볼 수 있는 저지대고릴라가 있어요. 또 하나는 콩고민주공화국 극동 산악 지대와 르완다 및 우간다에서 볼 수 있는 산악고릴라예요. 동부저지대고릴라가 사는 땅은 지난 30년간 사람의 경제 활동이 갑자기 늘어난 곳이에요. 불법으로 콜탄을 캐려고 만들어진 작은 광산들 때문이지요. 콜탄은 휴대전화 같은 모바일 전자 기기에 쓰이는 광물이에요. 사람들이 모이자 고기를 얻으려고 고릴라를 몰래 사냥하는 일이 많아졌어요. 게다가 이곳은 분쟁 지역이라 이미 여러 종류의 총이 많아서 고릴라 사냥을 더 쉽게 만들었어요. 2010년부터 2015년까지 한 조사에 따르면 고릴라는 지난 20년 동안 4분의 3 이상이 사라졌어요. 1990년대는 약 17,000마리였는데 지금은 4,000마리 미만으로 줄어든 거예요.

> "산악고릴라는 저지대고릴라보다 훨씬 적지만
> 저지대고릴라보다 훨씬 형편이 나아요."

산악고릴라는 25킬로미터 떨어진 농장을 가운데 두고 양쪽으로 나뉘어 살고 있어요. 한 곳은 우간다 브윈디 천연국립공원과 콩고민주공화국 사람브웨 자연보호구역에서 가까운 곳이에요. 다른 한 곳은 르완다, 우간다 그리고 콩고민주공화국 사이에 있는 비룽가 화산 지역이에요. 강력한 보호 정책으로 1990년대 이후 실제로 숫자가 늘어나고 있어요. 최근 조사에 따르면 비윈디에 400마리, 비룽가에 480마리가 살고 있대요. 두 곳의 고릴라 모두 찾아오는 사람들을 낯설어 하지 않아요. 덕분에 우리는 이 멋진 동물을 가까이서 볼 수 있어요. 고릴라 관광이 지역 사람들 살림에 큰 보탬이 되었어요. 따라서 고릴라를 지키려는 노력뿐만 아니라, 고릴라가 살고 있는 숲도 보호하려고 애쓰고 있어요.

GORILLA BERINGEI

- 강: 포유강
- 과: 사람과
- 멸종 위기 등급(2016): 위급
- 수: 5,000 미만
- 서식지: 콩고민주공화국, 르완다, 우간다

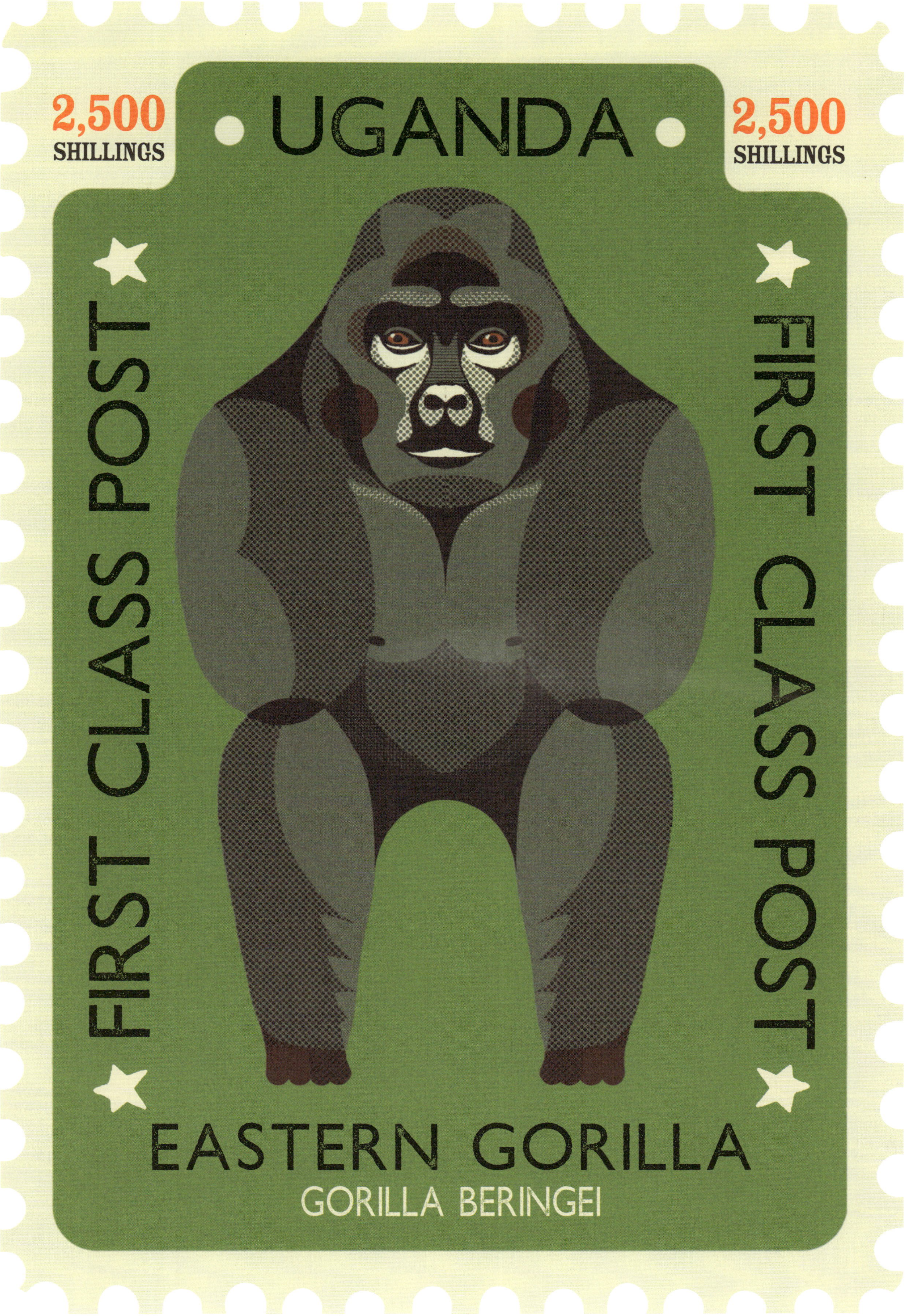
2,500
SHILLINGS
UGANDA
2,500
SHILLINGS
FIRST CLASS POST
FIRST CLASS POST
EASTERN GORILLA
GORILLA BERINGEI

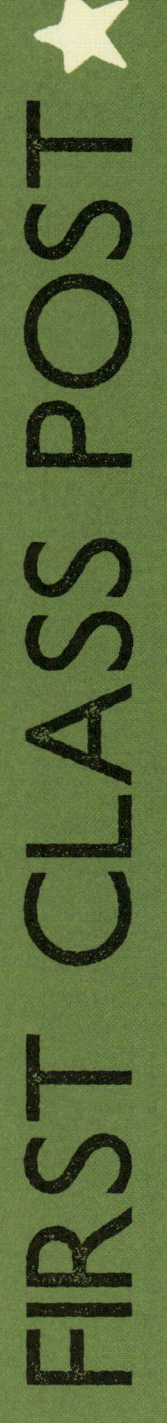

아프리카들개

아프리카들개는 늑대처럼 매우 사회적인 동물이에요. 가끔은 한 쌍만 발견되기도 하지만 주로 무리를 이뤄 살아가요. 무리의 규모는 약 40마리까지 돼요. 아프리카들개를 흔히 볼 수 있었던 옛날에는 무리가 훨씬 더 컸어요.

아프리카들개는 주로 영양을 잡아먹고 살아요. 어디서든 잘 지내는 편이라 높은 산이나 사막, 심지어 바닷가에서도 볼 수 있어요. 하지만 보통은 사바나 초원이나 숲처럼 먹잇감이 많은 곳에 살아요. 무리는 주로 300~800제곱킬로미터 넓이의 땅 안에서 함께 움직여요. 하지만 가끔은 3,000제곱킬로미터까지 넓어지기도 해요. 짝짓기 시기에는 어린 새끼들과 함께 숨어 지내야 해서 숨어 있는 곳 둘레에서만 지내기도 해요.

"덫에 걸리기도 하고 독살당하기도 했어요.
들개는 여러 가지 방법으로 사냥당했어요."

아프리카들개는 한때는 사하라 남쪽인 아프리카 남부에서 흔히 볼 수 있었어요. 하지만 최근 몇십 년 동안 아주 빠르게 줄었어요. 직접적인 이유는 이 지역 사람들의 경제 활동이 커져서예요. 보통 사람이 들개를 사냥하는 이유는 들개가 가축을 잡아먹기 때문이에요. 그리고 들개가 사람을 공격할까 봐 두렵기 때문이지요. 하지만 사실 들개는 사람을 공격한 적이 없어요. 들개가 가축에게 다가오지 못하게 막는 것도 어렵지 않아요. 광견병이나 급성전염병도 들개 수를 줄게 만들었어요. 보통 사람과 함께 사는 개나 근처에 어슬렁거리며 사는 개로부터 전염되지요. 들개의 수는 전염병이 발병해도 제법 빨리 회복되는 편이에요. 하지만 외따로 사는 들개 무리는 완전히 사라질 수도 있어요. 다른 곳에 살던 무리가 그곳으로 옮겨 오는 일은 거의 없으니까요.

아프리카에서도 아직 들개가 제법 많이 사는 곳은 카방고-잠베지 통합보전지구로 알려진 아주 넓은 땅이에요. 앙골라, 보츠와나, 나미비아, 잠비아, 짐바브웨 등 아프리카 남부의 여러 나라에 걸쳐 있어요. 이곳에는 약 130개 무리의 1,300여 마리 들개가 살고 있어요. 아프리카들개 가운데 가장 큰 규모지요.

LYCAON PICTUS

강: 포유강
과: 개과
멸종 위기 등급(2012): 위기
수: 6,000~7,000으로 짐작
(600~700개 무리)
서식지: 사하라의 아프리카 남쪽에 있는 약 20여 개 나라

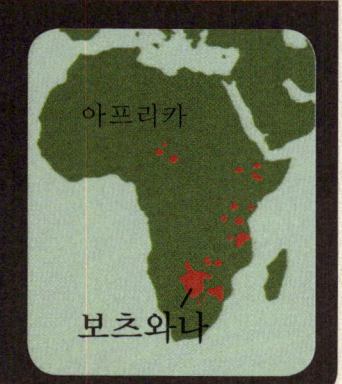

말레이천산갑

누구나 천산갑을 처음 보면 도대체 이게 뭔지 궁금할 거예요. 비늘로 뒤덮인 파충류 같기도 하고 움직이는 솔방울 같기도 하고 심지어 아티초크처럼 보이기도 해요.

실제로 천산갑은 개미와 흰개미만 먹는, 아주 특별한 포유류예요. 이빨은 없지만 길고 끈적끈적하고 강력한 발톱이 있어요. 가장 두드러진 생김새는 두말할 것 없이 온몸을 뒤덮고 있는 케라틴 비늘이에요. 케라틴은 발톱이나 발굽, 손톱의 주성분이에요. 말레이천산갑은 아시아에서 볼 수 있는 천산갑 가운데 하나예요. 아프리카에도 네 종의 천산갑이 있어요. 말레이천산갑은 미얀마, 태국, 인도네시아 등 동남아시아 열대우림에서 살고 있어요. 다른 천산갑처럼 말레이천산갑도 사라질 위험이 점점 커지고 있어요. 가장 큰 이유는 사냥이에요. 중국 의학에서는 천산갑의 비늘을 매우 중요한 약재로 쓰고 있기 때문이지요.

"천산갑 비늘은 몇십 년 동안 거래되고 있어요."

얼마 전까지만 해도 아시아에 있는 천산갑만 사고팔았어요. 하지만 최근 20여 년간 천산갑 사냥이 폭발적으로 늘어났어요. 실제로 모든 곳에서 천산갑이 아주 빨리 줄어들었지요. 이제는 아프리카 천산갑으로 관심이 쏠리고 있어요. 천산갑 거래를 금지한 지는 이미 몇 년이 지났어요. 하지만 효과가 거의 없어요.

아시아에서 말레이천산갑이 잘 살고 있는 곳은 사냥이 거의 없는 곳이에요. 싱가포르섬 가운데 가장 큰 푸라우테콩섬이에요. 예전에는 고무나무 재배장으로 쓰였고 다음에는 채소, 과일, 닭이나 오리 농장으로 쓰였어요. 지금은 군사훈련 기지로 쓰고 있어요. 숲이 많아져서 천산갑이 사는 데 큰 도움이 되고 있어요. 이 섬은 사람이 많이 사는 곳에서도 사냥을 하지 않는다면 천산갑이 충분히 살 수 있다는 걸 보여 줘요.

MANIS JAVANICA

강: 포유강
과: 천산갑과
멸종 위기 등급(2013): 위급
수: 미확인
서식지: 브루나이, 캄보디아, 인도네시아, 라오스, 말레이시아, 미얀마, 싱가포르, 태국, 베트남

아시아
싱가포르

지중해몽크물범

전 세계 18종의 물범은 대부분 위도가 높은 곳에 살아요. 차가운 물에서 살지요. 하지만 지중해몽크물범은 그렇지 않아요. 지중해몽크물범은 지중해와 흑해 그리고 대서양 가까이 살아요. 따뜻한 물에서 살고 있어요.

지중해몽크물범은 한때는 여러 곳에서 자주 볼 수 있었어요. 하지만 몇 가지 이유로 점점 숫자가 줄어들었어요. 어부들은 지중해몽크물범이 어업 장비를 망가뜨린다며 사냥했어요. 또 바닷가를 개발하는 바람에 지중해몽크물범은 살 곳을 잃었어요. 게다가 로마 시대부터 가죽, 기름, 고기 때문에 사냥감이 되었어요. 현재 지중해몽크물범은 세 곳에 넓게 흩어져 살고 있어요. 대서양 마데이라섬, 아프리카 서쪽 카보 블랑코 바닷가, 그리고 지중해 동부예요.

"현재 지중해몽크물범은 1,000마리 미만이에요."

지중해에 사는 물범은 보통 아주 작은 무리로 살아요. 하지만 최근 에게해 자이아로스섬에서 제법 큰 무리를 볼 수 있었어요. 이 섬은 지금 무인도예요. 하지만 1974년까지는 정치범 수용소였어요. 2000년까지는 그리스 해군의 폭격장으로 쓰였어요. 2000년대 초반에 물범을 볼 수 있다는 소문이 났어요. 환경을 보호하려는 사람들이 2004년에 섬을 찾아갔지요. 물범의 수가 제법 될 뿐만 아니라 어린 물범도 몇 마리 있었어요. 즉 이 무리가 다른 물범 무리와는 다르게 건강하게 잘 살고 있었어요. 이후 꾸준히 찾아가 보니섬에서 물범의 수가 늘어나고 있었어요. 자이아로스섬은 현재 유럽에서 중요한 자연보호지역으로 선정되었으며, 누타라 2000 보호구역 운영기구에 속해 있어요. 덕분에 법적인 보호를 받고 있어요. 섬에서 3해리 안에서는 모든 낚시가 금지되어 있어요.

MONACHUS MONACHUS

강: 포유강
과: 물범과
멸종 위기 등급(2015): 위기
수: 600~700
서식지: 크로아티아, 사이프러스, 그리스, 모리타니아, 터키, 마데이라(포르투갈), 서부 사하라

노랑배측범잠자리

오늘날 살아 있는 잠자리는 약 3,000종이에요. 3억 년 전 석탄기 때부터 지구에서 살았으니 아주 오래된 가문의 자랑스러운 후손이지요. 어떤 잠자리는 아직도 흔히 볼 수 있어요. 하지만 어떤 잠자리는 특정한 곳에서만 살고 수도 줄어들고 있어요. 또 어떤 잠자리는 사라질 위기에 놓여 있어요.

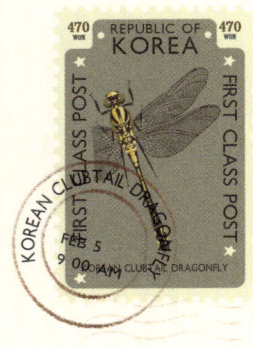

노랑배측범잠자리도 사라질 위기에 놓여 있어요. 한때는 한반도 여러 곳에서 볼 수 있었어요. 하지만 지금은 아주 심각하게 줄어들었어요. 현재는 경기도 비무장지대 사미천 가까이에서만 볼 수 있어요.

다른 잠자리처럼 노랑배측범잠자리는 날개를 가진 잠자리로 탈바꿈하기 전에 2년 이상을 애벌레로 물속에서 지내요. 애벌레가 좋아하는 곳은 강 하류 물살이 느린 모래톱이에요. 모래나 진흙이 있어야 숨어 있다가 먹이를 잡을 수 있어요. 애벌레는 잠자리로 탈바꿈할 준비가 되면 물이 얕고 비스듬한 곳에 작은 흙더미를 만들어요. 잠자리는 물이 가까운 숲에서 짧은 생을 보내요.

"2014년 노랑배측범잠자리는 한 곳에서만 볼 수 있었어요."

안타깝게도 노랑배측범잠자리가 살던 많은 강에서 최근 몇 년 사이 마구잡이 개발을 하고 말았어요. 강바닥에서 모래와 자갈을 파내고 강둑을 일자로 만들었어요. 이런 마구잡이 개발 때문에 물살은 빨라지고 애벌레가 살 수 있는 진흙은 모두 물살에 쓸려 가 버렸어요. 강둑의 기울기도 가팔라져서 애벌레가 잠자리로 탈바꿈했을 때 안전하게 날아오를 수 있는 공간이 없어졌어요. 사미천 일부는 비무장지대 안을 지나기 때문에 조사를 할 수 없어요. 그래서 노랑배측범잠자리가 얼마나 살고 있는지 몰라요. 다행인 것은 사미천이 사람의 손길이 많이 닿지 않는 곳이라는 거예요. 하지만 안타깝게도 노랑배측범잠자리가 살 수 있는 숲이 정기적으로 불태워지고 있어요. 비무장지대 경계선을 뚜렷하게 만들려는 거래요.

ASIAGOMPHUS COREANUS

강: 곤충강
과: 측범잠자리과
멸종 위기 등급(2015): 위기
수: 미확인
서식지: 대한민국, 대한민국 비무장지대. 북한에도 서식 가능성 있음.

카카포

약 800년 전 사람들이 처음 뉴질랜드에 오기 전에는 육지 포유동물이라곤 박쥐밖에 없었어요. 하지만 멋진 조류는 좀 있었어요.

STRIGOPS HABROPTILA

강: 조강
과: 뉴질랜드앵무과
멸종 위기 등급(2016): 위급
수: 153
서식지: 뉴질랜드

멋진 새들 가운데 날지 않는 모아새를 비롯한 몇 종의 새는 폴리네시아인 초기에 마구잡이 사냥으로 순식간에 사라져 버렸어요. 하지만 일부는 살아남았는데 그 가운데 세계에서 가장 큰 앵무새인 카카포가 있어요. 카카포는 유럽인들이 살기 시작한 19세기만 해도 무척 흔하게 볼 수 있었어요. 하지만 유럽인들은 곧 카카포가 살던 숲을 없애기 시작했어요. 더 심각한 문제는 사람들이 고양이, 담비, 흰담비, 족제비를 들여온 거예요. 사람들은 먼저 들여온 토끼와 산토끼 수가 너무 늘어나서 고민이었어요. 천적을 데려오면 토끼와 산토끼를 통제할 수 있을 거라고 오해한 거예요. 모아새처럼 카카포도 날지 못하는 새라서 새로운 포식자들로부터 안전하지 못했어요. 1970년대에 들어서자 카카포가 더는 살아남지 못할 거라는 두려움이 생겼어요. 1977년 뉴질랜드 남섬의 최남단에서 카카포 수컷 몇 마리를 볼 수 있었어요. 근처 스튜워드섬에서는 더 많은 카카포를 볼 수 있었어요. 하지만 그곳엔 야생 고양이들이 있어서 카카포의 수가 아주 빠르게 줄어들었어요.

"1970년대가 되자 카카포는 이미 사라진 줄 알았어요."

카카포를 구하려는 마지막 노력으로 살아남은 카카포를 잡아서 고양이나 다른 포식자가 없는 섬으로 옮겨 주었어요. 다행히 이주한 카카포들은 짝짓기를 시작했어요. 하지만 안타깝게도 폴리네시아 쥐들의 공격으로 새끼들이 거의 살아남지 못했어요. 1995년에는 카카포가 51마리만 살아남았어요. 카카포를 보호하려는 움직임이 커졌고 여러 가지 해결책을 마련했어요. 우선 카카포가 살고 있는 섬 세 곳 가운데 두 곳에서는 쥐를 모두 없앴어요. 나머지 한 곳에서는 쥐를 쫓아 버릴 수 있는 장치를 카카포 둥지에 설치했어요. 또 쉽게 짝짓기를 할 수 있도록 먹이를 충분히 가져다 주었어요. 더불어 엄마 새가 먹이를 찾아 둥지를 비우면 알이 차가워지지 않도록 관리인이 둥지 위에 담요를 덮어 주기도 했어요. 이렇게 공들여 노력한 끝에 2017년 말에는 카카포 수가 153마리로 늘어났어요. 이제 다음 목표는 다른 섬에 있는 포식자도 마저 몰아내고 카카포가 살 수 있는 환경을 만드는 거예요.

오카피

19세기 후반 과학자들 사이에 신기한 소문이 돌기 시작했어요. 중앙아프리카 콩고 분지 열대우림에 신비하고 거대한 포유동물이 살고 있다는 거였어요.

그 동물은 아띠 혹은 오아피라고 불렸어요. 그곳에 살던 사람들에게는 아주 익숙한 동물이었어요. 당시 우간다 총독이던 해리 존스턴은 이 동물의 두개골과 가죽 두 조각을 구해 1901년 런던으로 보냈어요. 이를 근거로 이 동물은 과학적으로 새로운 종의 말이 되었어요. 하지만 이후 오카피로 불리게 된 이 동물은 말이 아니라 기린의 친척으로 밝혀졌어요.

"오카피는 오늘날까지도 신비로운 동물로 남아 있어요.
야생에서도 아주 보기 드문 동물이에요."

이제는 오카피에 대해 많은 걸 알게 되었어요. 오카피는 콩고민주공화국에서만 볼 수 있어요. 콩고에서도 약 250,000제곱킬로미터에 달하는 넓은 곳에서 살아요. 이곳은 거의 접근이 불가능하거나 사람이 가기에는 너무 위험한 곳이에요. 따라서 오카피가 몇 마리 살고 있는지는 알 수 없어요.

오카피는 몸집이 큰 동물치고는 특이하게 열대우림에서만 지내요. 관목 숲이나 나무에서 떨어진 열매를 먹고 살지요. 오카피는 사람들이 괴롭히면 조금은 견딜 수 있지만 심하게 괴롭히면 견디지 못해요. 따라서 드넓은 벌목 지대나 농장을 위해 숲이 제거된 곳에서는 살지 않아요. 어떤 곳에서는 오카피 고기와 가죽을 얻으려고 사람들이 오카피를 사냥하기도 해요.

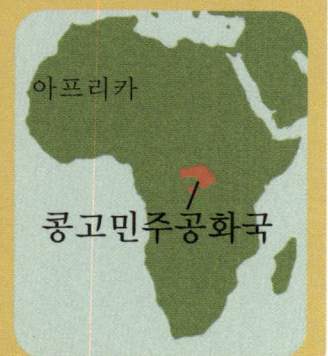

OKAPIA JOHNSTONI

강: 포유강
과: 기린과
멸종 위기 등급(2015): 위기
수: 미확인
서식지: 콩고민주공화국

모든 자료를 살펴보니 오카피의 수가 특히 지난 20여 년 사이 아주 빠르게 줄어들었어요. 오카피 야생보호구역에서도 숫자가 줄어들었어요. 야생보호구역에서도 여전히 벌목과 불법 사냥이 끊이지 않고 있어요.

이 책에서는 사라질 위기에 처한 동물들의 상태를 알리기 위해
세계자연보전연맹(IUCN)과 버드라이프인터내셔널에서
정한 멸종 위기 등급을 적어 놓았어요.
멸종 위기 등급은 전문가들의 판단에 따라 결정돼요.
위험한 상태에 따라 '위급', '위기', '취약' 세 등급으로 나뉘어요.
또한 완전히 사라졌을 때 '절멸'이라고 표현하며
야생에서는 절멸되었지만 현재 따로 보호되고 있는 동물은
'야생지 절멸'이라고 표현해요.

각 동물의 상태에 대해서는 가장 최근에 평가가 수행된 날짜를 기록했어요.
가끔은 시간이 좀 지난 경우도 있고 최근의 평가에서 상태가 변경되기도 해요.
상태가 개선되었거나, 더 악화되었거나, 더 많은 정보를 확보한 경우 멸종 위기 등급이 달라지지요.
사라질 위기에 처한 동식물에 대한 정보는 www.iucnredlist.org에서 찾아볼 수 있어요.
조류는 www.birdlife.org에서 찾을 수 있어요.

사랑하는 우리 가족에게 _ 마틴 젠킨스
테레사, 해리, 포피에게 _ 톰 프로스트

북극곰 궁금해 시리즈 3

우리가 지켜야 할 동물들
사라질 위기에 처한 동물들의 세계

2020년 1월 21일 초판 1쇄 ‖ 2020년 9월 10일 초판 2쇄
글 마틴 젠킨스 ‖ 그림 톰 프로스트 ‖ 옮김 이순영 ‖ 감수 백두성
편집 이루리, 이지혜 ‖ 디자인 남철우, 기하늘 ‖ 마케팅 최은애
펴낸이 이순영 ‖ 펴낸곳 북극곰 ‖ 출판등록 2009년 6월 25일 (제 300-2009-73호)
주소 서울시 마포구 독막로 320 B106호 ‖ 전화 02-359-5220 ‖ 팩스 02-359-5221
이메일 bookgoodcome@gmail.com ‖ 홈페이지 www.bookgoodcome.com
ISBN 979-11-90300-33-9 77400 | 979-11-89164-60-7 (세트) ‖ 값 22,000원

Endangered Animals
Text © 2018 Martin Jenkins
Illustrations © 2018 Tom Frost
All rights reserved.
This Korean edition was published by BookGoodCome in 2020
by arrangement with Walker Books Ltd 87 Vauxhall Walk,
London SE11 5HJ through KCC, Seoul.
Printed in Malaysia

이 책의 한국어판 저작권은 (주)한국저작권센터(KCC)를 통해 저작권자와 독점 계약한 북극곰에 있습니다.
저작권법에 의해 한국 내에서 보호를 받는 저작물이므로 무단 전재와 복제를 금합니다.
『이 책의 국립중앙도서관 출판예정도서목록(CIP)은 서지정보유통지원시스템(http://seoji.nl.go.kr)과
국가자료공동목록시스템(http://www.nl.go.kr/kolisnet)에서 이용하실 수 있습니다. (CIP제어번호:CIP2019038513)』

재품명 : 도서 | 제조자명 : 북극곰 | 제조국명 : 말레이시아 | 사용연령 : 3세 이상
주의! 책 모서리가 날카로우니, 던지거나 떨어뜨려 다치지 않도록 주의하세요.